Korean Writing for University Life

초급 I

대학 생활을 위한 한국어 쓰기

Japanese/Chinese/English

Beginning Level I

연세대학교 한국어학당 편

연세대학교 출판문화원

머리말

국내 최고의 명성으로 한국어 교육의 50년 전통을 이어 온 연세대학교 언어연구교육원 한국어학당에서는 한국어 교육의 질을 높이기 위해 그동안 많은 교재를 편찬해 왔다. 최근 한국 내 대학, 대학원에서 수학하고 있거나 진학하고자 하는 외국인이 증가함에 따라 학문을 목적으로 하는 한국어 교재에 대한 학습자들의 요구가 높아지고 있다. 이에 따라 연세대학교 언어연구교육원 한국어학당에서는 대학 수학을 목적으로 하는 외국인 유학생들을 대상으로 한국어와 한국 문화를 교육할 수 있는 새로운 교재를 출간하게 되었다.

연세대학교 언어연구교육원 한국어학당에서 출간하는 이 교재는 대학 생활에 필요한 의사소통 기능을 집중적으로 향상시킬 수 있는『대학 생활을 위한 한국어』시리즈와 대학에서의 수학 능력을 집중적으로 향상시킬 수 있는『대학 강의 수강을 위한 한국어』시리즈로 되어 있다.『대학 생활을 위한 한국어』시리즈는 초급 학습자를 위한『대학 생활을 위한 한국어 초급Ⅰ』,『대학 생활을 위한 한국어 초급Ⅱ』, 중급 학습자를 위한『대학 생활을 위한 한국어 중급Ⅰ』,『대학 생활을 위한 한국어 중급Ⅱ』로 되어 있으며,『대학 강의 수강을 위한 한국어』시리즈는 중급 학습자를 위한『대학 강의 수강을 위한 한국어 중급Ⅰ』,『대학 강의 수강을 위한 한국어 중급Ⅱ』, 그리고 고급 학습자를 위한『대학 강의 수강을 위한 한국어 고급』으로 되어 있다.

『대학 생활을 위한 한국어』시리즈는 한국어 학습 단계별로 요구되는 내용을 주제로 말하기, 듣기, 쓰기 능력을 향상할 수 있도록 다양한 과제와 활동으로 구성된 분리형 교재이다. 그리고『대학 강의 수강을 위한 한국어』시리즈는 대학 수학에서 요구되는 기능과 장르를 중심으로 말하기, 듣기, 쓰기, 읽기 능력을 향상할 수 있도록 실용적인 과제와 활동으로 구성된 분리형 교재이다. 이들 교재에서는 학습자들이 흥미를 가질 수 있는 주제와 상황을 기초로 여러 가지 의사소통 기능 및 전략을 배울 수 있도록 배려하였다.

『대학 생활을 위한 한국어』와『대학 강의 수강을 위한 한국어』가 연세대학교 언어연구교육원 한국어학당에서 공부하는 학생들뿐만 아니라 한국 내에서 대학, 대학원 수학을 목적으로 하고 있는 모든 한국어 학습자들에게 도움이 되기를 바란다.

연세대학교 언어연구교육원
한국어학당 교재편찬위원회

Preface

With more than 50 years of tradition in the Korean Language Education field, Korean Language Institute of the Yonsei University Institute of Language Research and Education has published numerous textbooks to promote the quality of Korean Language Education. In the recent years, the need for Korean Language textbooks for academic purpose has been increasing along with the growth of the foreign students who are studying in undergraduate or graduate programs at universities in Korea. To this end, Korean Language Institute of the Yonsei University Institute of Language Research and Education came to publish new textbooks to teach Korean language and culture to foreign students, who are studying in Korea for academic purpose.

These textbooks, which are published by Korean Language Institute of the Yonsei University Institute of Language Research and Education, are comprised of two textbook series: 「Korean for University Life」 series for strengthening the conversational ability needed for university life; and 「Academic Korean」 series for strengthening the capacity to take classes in Korean. 「Korean for University Life」 series is comprised of: 「Korean for University Life Beginner's Level 1 & 2」 for beginner students, 「Korean for University Life Intermediate Level 1 & 2」 for intermediate level students. 「Academic Korean」 series is consisted of 「Academic Korean Intermediate 1 & 2」 for intermediate level students and 「Academic Korean Advanced」 for advanced level students.

While 「Korean for University Life」 is a textbook series composed of various kinds of tasks and activities under themes by different learning levels to promote students' ability to speak, listen and write, 「Academic Korean」 is a textbook series to promote speaking, listening, writing and reading abilities that are essential while studying in the undergraduate programs at universities. These textbooks draw interests of the learners by allowing them to acquire communicative functions and strategies based on themes and situations that are closely relevant to college students.

We also hope that 「Korean for University Life」 and 「Academic Korean」 series will not only help the Yonsei Korean Language Institute students but also any students who wish to continue to pursue their undergraduate or graduate studies in Korea.

Yonsei University Institute of Language Research and Education
Korean Language Institute Textbook Compilation Committee

はじめに

国内最高の名声で韓国語教育の50年の伝統を続けてきた延世大学言語研究教育院韓国語学堂では韓国語教育の質を高めるためにこれまで多くの教材を編纂してきた。最近、韓国内の大学や大学院で修学していたり進学しようとする外国人が増加するに従って、学問を目的とする韓国語教材に対する学習者たちの要求が高まっている。そこで、延世大学校言語研究教育院韓国語学堂では大学修学を目的とする外国人留学生たちを対象に韓国語と韓国文化を教育することができる新しい教材を出刊することになった。

延世大学校言語研究教育院韓国語学堂が出刊するこの教材は、大学生活に必要なコミュニケーション機能を集中的に向上させることができる《大学生活のための韓国語》シリーズと、大学での修学能力を集中的に高めることができる《大学講義受講のための韓国語》シリーズの２つからなっている。《大学生活のための韓国語》シリーズは初級学習者のための《大学生活のための韓国語初級1&2》, 中級学習者のための《大学生活のための韓国語中級1》,《大学生活のための韓国語中級2》があり、《大学講義受講のための韓国語》シリーズは中級学習者のための《大学講義受講のための韓国語中級1》,《大学講義受講のための韓国語中級2》, そして高級学習者のための《大学講義受講のための韓国語高級》がある。

《大学生活のための韓国語》シリーズは韓国語学習の段階別に求められる内容を主題に、会話, 聞き取り,作文能力が向上するように多様な課題と活動で構成された分離型教材だ。そして《大学講義受講のための韓国語》シリーズは大学修学の際に求められる機能とジャンルを中心に会話, 聞き取り, 作文, 読解能力が向上するように実用的な課題と活動で構成された分離型教材だ。これらの教材は学習者たちが興味を持つことができる主題と状況をパターンとしてさまざまなコミュニケーション機能及び戦略を学べるよう配慮した。

《大学生活のための韓国語》と《大学講義受講のための韓国語》が延世大学校言語研究教育院韓国語学堂で勉強する学生たちだけではなく、韓国内で大学や大学院修学を目的とするすべての韓国語学習者たちの役に立つ事を願う。

延世大学校言語研究教育院
韓国語学堂 教材編纂委員会

绪言

国内最富盛名、传承了韩国语教育的50年优良传统的延世大学语言研究教育院韩国语学堂，以提高韩国语教育的质量己任，编辑了大量优质教材。

最近，随着在韩国国内的大学及大学院中学习及即将入学的外国人的增加，对以学术为目的的韩国语教材的需求与日俱增。因此，面向以在大学学习为目的的外国留学生，延世大学语言研究教育院韩国语学堂出版了能教授韩国语及韩国文化的新教材。

延世大学语言研究教育院韩国语学堂出版的这本教材，由能集中提高大学生活需要的基本沟通能力的《大学生活韩国语》系列，及集中提高大学听课能力的《大学听课韩国语》系列组成。

《大学生活韩国语》系列由面向初级学者的《大学生活初级韩国语1&2》，面向中级学者的《大学生活中级韩国语1》，及《大学生活中级韩国语2》组成。

《大学听课韩国语》系列由面向中级学者的《大学听课中级韩国语1》，《大学听课中级韩国语2》，以及面向高级学者的《大学听课高级韩国语》组成。

《大学生活韩国语》系列是一套分类型教材，本教材以韩国语学习各等级要求的内容为主题，由以能提高学习者的口语，听力，写作能力的丰富多样的作业及活动构成。

另外，《大学听课韩国语》系列是一套分类型教材，本教材以大学听课中所需的能力及体裁为中心，由以能提高学习者的口语，听力，写作，阅读能力的实用型的作业及活动构成。这些教材以激发学习者兴趣的主题和情景为基础，并考虑到了教授学生各种沟通能力及技巧。

希望《大学生活韩国语》及《大学听课韩国语》系列教材，对在延世大学语言研究教育院韩国语学堂中学习的学生，以及在韩国国内大学及大学院上学的所有韩国语学习者们有所帮助。

延世大学语言研究教育院
韩国语学堂 教材编辑委员会

일러두기

- 『대학 생활을 위한 한국어 쓰기 초급 I』은 총 10개의 과로 이루어져 있으며 각 과는 3개의 항으로 구성되어 있다. 각 항에서는 제목과 함께 기능이 드러나도록 학습목표를 제시한다.

- 1과부터 3과까지는 문장 생성을 학습목표로 하는 단계이며, 4과 이후는 짜임새 있는 글의 생성을 학습목표로 한다.

- 각 항은 모두 세 단계로 구성되며, 이는 **【준비해 봅시다】**, **【써 봅시다】**, **【정리해 봅시다】**로 구성된다.

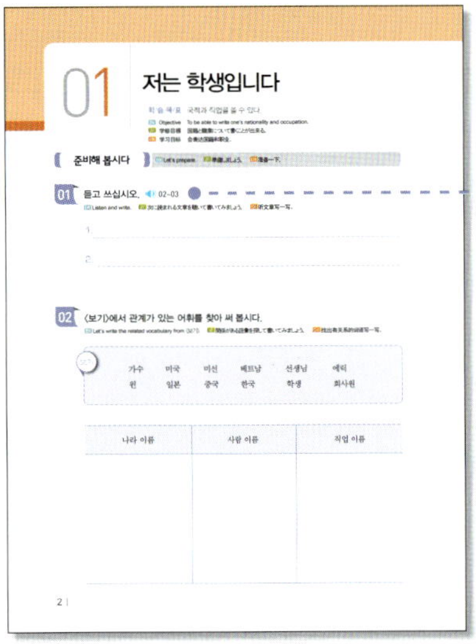

- **【준비해 봅시다】**는 도입 단계로서 2계로 구성된다. 1단계는 학습목표와 관련된 담화의 이해를 확인하는 단계, 2단계는 쓰기 활동에 필요한 어휘의 의미와 용법을 확인하는 단계로 이루어져 있다.

[1과]부터 [3과]까지의 【준비해 봅시다】 1단계에서는 학습목표와 관련된 담화의 이해를 확인하는 단계로 문장 쓰기 활동으로 이루어진다.

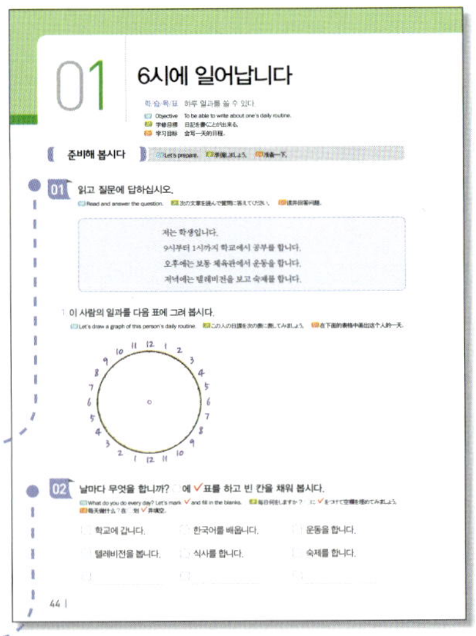

[4과] 이후의 【준비해 봅시다】 1단계에서는 학습목표와 관련된 모범글이 쓰기 활동을 위한 자료로 제공된다.
모범 글의 구조와 내용을 확인하고 쓰기 활동을 준비할 수 있는 질문을 제공한다.

【준비해 봅시다】 2단계에서는 각 항의 학습목표에 적절한 어휘의 의미와 용법을 확인하는 활동을 제공한다.

- 【써 봅시다】는 총 2단계로 구성된다.

[1과]부터 [3과]까지의 【써 봅시다】 1단계는 한국어 구조에 적절한 문장을 생성할 수 있는 활동으로 구성된다.

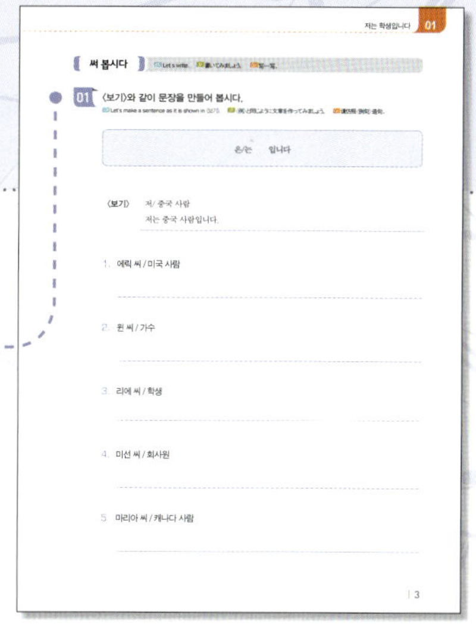
저는 학생입니다 01

써 봅시다

01 〈보기〉와 같이 문장을 만들어 봅시다.

은/는 입니다

〈보기〉 저 / 중국 사람
저는 중국 사람입니다.

1. 에릭 씨 / 미국 사람
2. 왼 씨 / 가수
3. 리에 씨 / 학생
4. 미선 씨 / 회사원
5. 마리아 씨 / 캐나다 사람

3

6시에 일어납니다 01

써 봅시다

01 하루의 생활을 〈보기〉와 같이 써 봅시다.

1. 오전에 무엇을 합니까?

〈보기〉 6시에 일어납니다.

2. 오후(저녁)에 무엇을 합니까?

〈보기〉 1시에 학생식당에서 점심을 먹고 도서관에 갑니다.

45

[4과]부터의 【써 봅시다】 1단계에서는 전체 모범글의 구성요소를 중심으로 이를 두 부분으로 분리하여 각 부분을 연습할 수 있도록 모범글과 과제 활동지가 제시된다.

02 친구들의 하루 생활을 〈보기〉와 같이 써 봅시다.

46

【써 봅시다】 2단계에서는 이전 단계에서 분리 연습한 문장이나 글을 전체적으로 구성할 수 있도록 모범글과 과제 활동지가 제시된다.

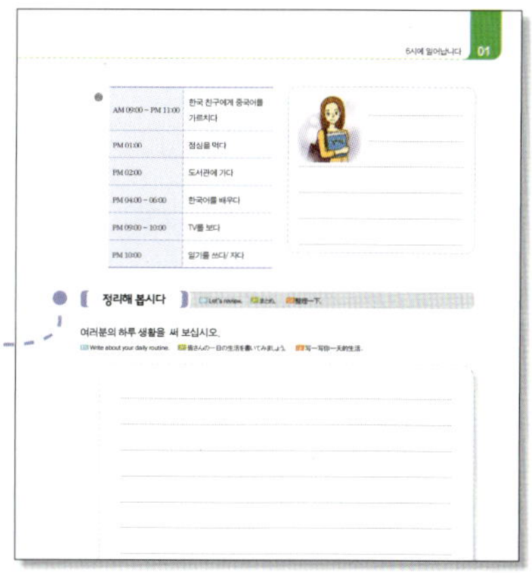
6시에 일어납니다 01

정리해 봅시다

여러분의 하루 생활을 써 보십시오.

How To Use This Book

- 'Korean for University Life-Writing Beginner's Level' is comprised of ten chapters, and each chapter is formed of three sections. Each section displays the objectives of the section to expose the tile and functions together.

- The objectives of the chapters 1 to 3 are to have the learners create sentences, and the chapters 4 to 10 aim to have the learners write well-organized writings.

- The three steps of each section are [Let's prepare], [Let's write] and [Let's review].

- [Let's prepare] is formed of two introductory steps. The first step is to confirm if learners have understood the discourse in relation to the objectives, and the second step is to allow the learners to check the vocabulary and its meanings to use them in their writing activities.

[Let's prepare] from chapters 1 to 3 is formed of sentence writing activities as a step to check if the learner has understood the discourse in relation to the objectives of the lesson.

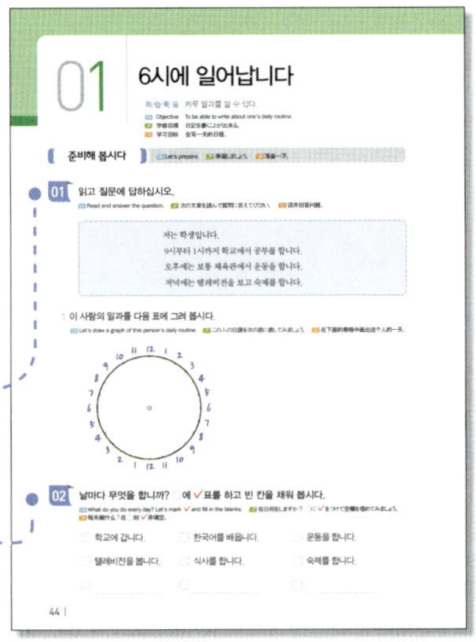

From chapters 4 to 10, the first step of [Let's prepare] provides relevant sample writings as a material for writing activities.
It also provides questions to help learners prepare for writing activities by allowing them to check if they have correctly understood the structure and content of the sample writing.

The second step of [Let's prepare] provides activities to help learners confirm the vocabulary and its meanings in relation to the objectives of the section.

저는 학생입니다 01

써 봅시다

01 〈보기〉와 같이 문장을 만들어 봅시다.

은/는 입니다

〈보기〉 저/ 중국 사람

저는 중국 사람입니다.

1. 에릭 씨 / 미국 사람

2. 왼 씨 / 가수

3. 리에 씨 / 학생

4. 미선 씨 / 회사원

5. 마리아 씨 / 캐나다 사람

3

- 【Let's write】 is formed of two steps

From chapters 1 to 3, the first step provides activities to create sentences in Korean language structure.

From chapters 4 to 10, the first step separates the sample writings' structural elements into two parts, and provides sample writings and tasks to help learners practice each part.

The second step of [Let's write] provides a sample writing and an activity to allow the learners to integrate the discrete sentences or writings that they have practiced in the previous step.

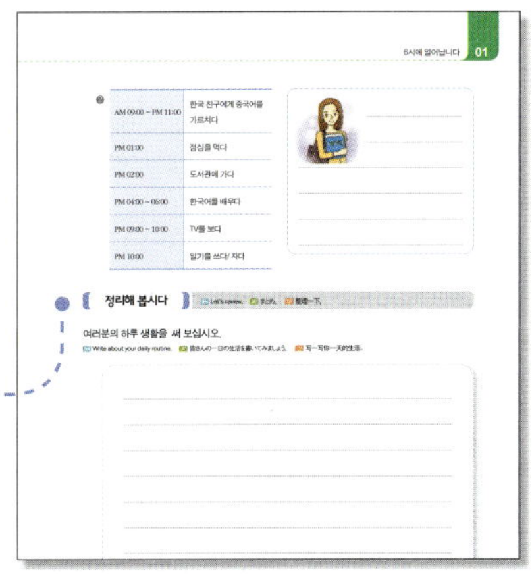

- 【Let's review】 wraps up writing activities of previous steps through making a comparison and contrast to personal experiences.

凡例

- ‘大学生活 作文 初級’は10の単元からなり、各単元は3つの項で構成されている。各項には題名と共に機能が判るように学習目標を提示した。

- 1単元から3単元までは文章の生成を目標とする段階であり4単元以降は仕組しくみある文の生成を学習目標とする。

- 各項は【準備しましょう】、【書いてみましょう】、【まとめ】の3段階で構成されている。

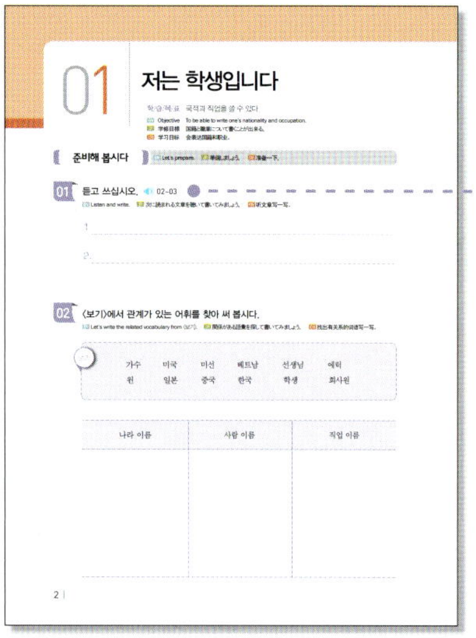

- 【準備しましょう】は導入として2段階で構成される。1段階は、学習目標と関連した会話の理解を確認する段階、2段階は書き活動に必要な語彙の意味と用法を確認する段階となっている。

1単元から3単元までの【準備しましょう】1段階では学習目標に関連した会話の理解を確認する段階で作文活動で構成されている。

【4単元】以降の【準備しましょう】1段階では学習目標に関連した模範文が作文学習の資料として提供される。
模範文の構造と内容を確認し、作文学習の準備のための質問を提示する。

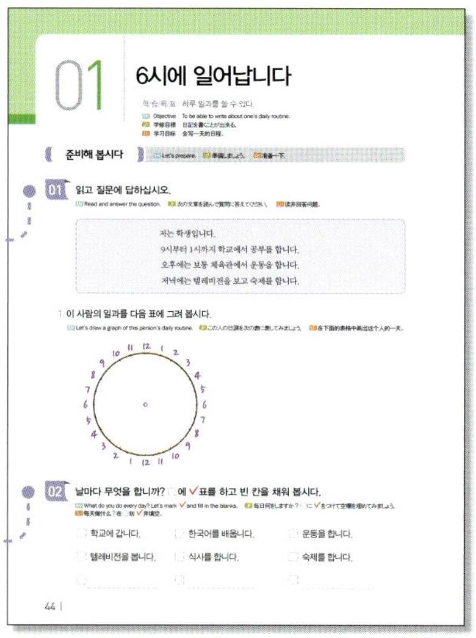

【準備しましょう】2段階では各項の学習目標に合った適切な語彙の意味と用法を確認する内容を提示する。

- 【書いてみましょう】は2段階からなる。

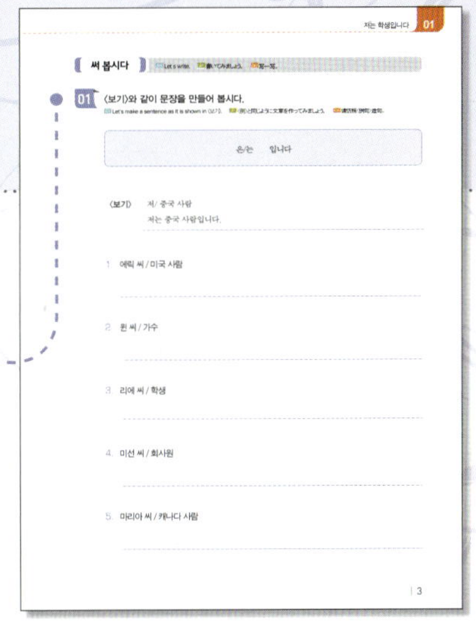

1単元から3単元までの【書いてみましょう】1段階は韓国語の構造に合った文章を作れるようにする練習で構成される。

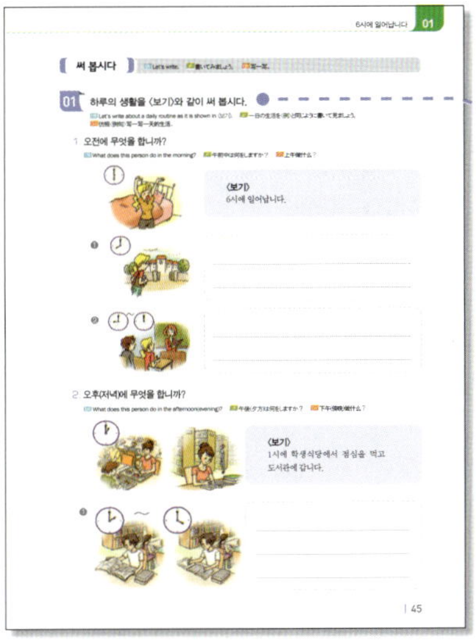

4単元からの【書いてみましょう】1段階では模範文の構成要素を中心に、これらを2つに分けてそれぞれの部分を練習することが出来る模範文と課題練習問題が提示される。

【書いてみましょう】[2]段階では前の段階で別々に練習した文章を全体的に構成することが出来るように模範文と課題練習問題と模範会話が提示される。

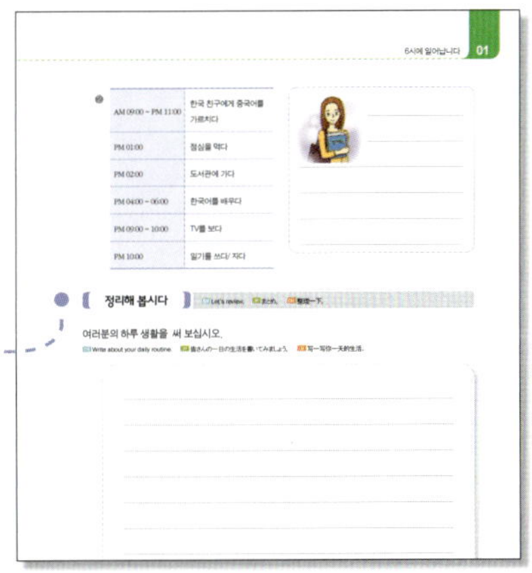

- 【まとめ】は前の段階で行った作文学習を整理し、類似した体験との比較や連係を通して作文学習を整理しまとめる。

编写说明

- 『大学生活韩国语写作初级』这本书一共分为十个课，每个课由三项组成。在指出每项的题目和学习目标的同时展示出该项的作用。

- 第1～3课是以造句为学习目标的阶段，第四课以后的学习目标是造有结构的句子。

- 每项由【准备一下】【说一说】【整理一下】三个阶段构成。

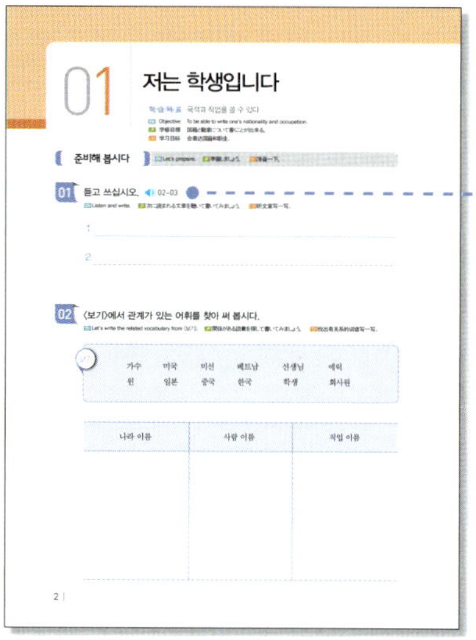

- 【准备一下】部分作为导入阶段由两部分组成. 第一部分，确认学生对与学习目标相关谈话的理解情况，第二部分，确认学生对在写作活动中所需词汇的意思及用法的掌握情况。

从第一课到第三课的【准备】部分的第一阶段，是确认学生对与学习目标相关谈话的理解的阶段，由写句子活动构成。

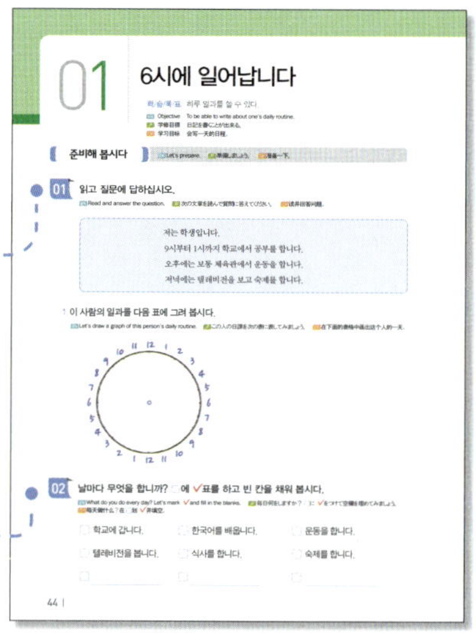

第四课后, 在【准备一下】部分的第一阶段中，提供与学习目标相关的规范例句，以供写作练习。
确认规范例句的结构与内容，提供能为写作练习做准备的问题。

【准备一下】部分的第二阶段中，提供相应的活动练习，以确认适合学习目标的词汇的意思及用法。

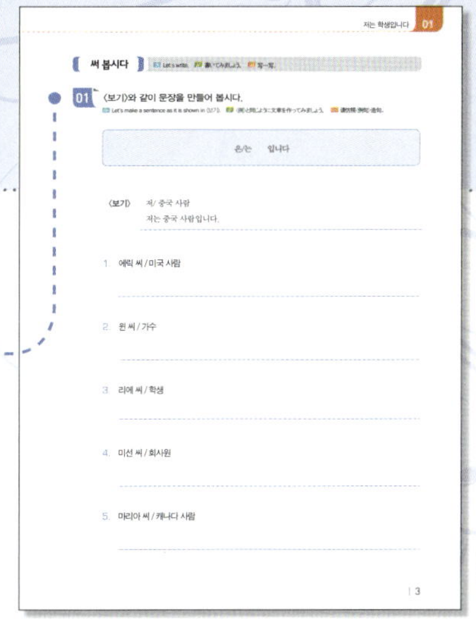

- 【写一写】共由两个阶段组成。

从第一课到第三课的【写一写】部分的第一阶段中，由造句练习组成，其目的是能造出适合韩国语结构的句子。

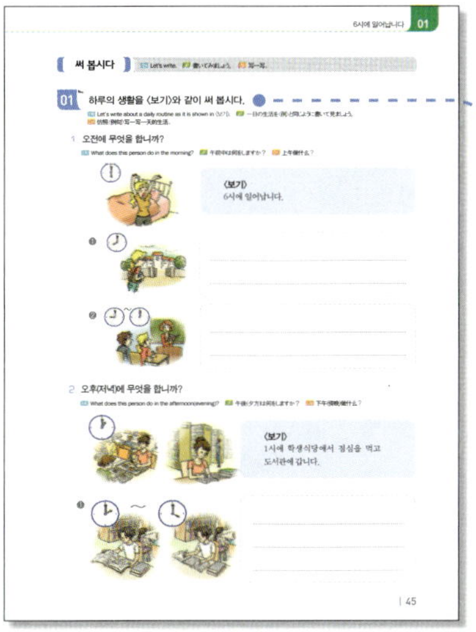

从第四课开始【写一写】的第一阶段中，以全体范文的构成要素为中心将其分成两个部分，提供能练习各个部分的范文及作业活动。

【写一写】的第二阶段中，提供范文及作业活动，目的是让学生进行之前分开练习过的句子及文章的综合构成练习。

- 【整理一下】部分，整理前一阶段中进行过的写作活动，通过对与此相关经历的比较及联系，对写作活动进行整理及收尾。

차례

머리말 / ii
일러두기 / vi
내용 구성 / x

제1과 인사와 소개

01 저는 학생입니다 ······ 2
02 제 가방입니다 ······ 6
03 방이 큽니다 ······ 10

제2과 학교

01 지도 옆에 그림이 있습니다 ······ 16
02 체육관에서 운동을 합니다 ······ 20
03 산책을 하고 싶습니다 ······ 24

제3과 친구와 가족

01 친구가 잘생겼습니다 ······ 30
02 우리 가족사진입니다 ······ 34
03 우리 가족은 여행을 좋아합니다 ······ 38

제4과 일상생활

01 6시에 일어납니다 ······ 44
02 주말에 고향 친구를 만났습니다 ······ 48
03 주말에 파티를 할 거예요 ······ 52

제5과 학교 시설

01 영한사전을 한 권 샀어요 ······ 58
02 학교식당에서 먹읍시다 ······ 62
03 엘리베이터 옆에 있는 강의실이에요 ······ 66

제6과 학교 생활

01 수업이 많지만 힘들지 않아요 ······ 72
02 이번 방학에는 고향에 가지 못해요 ······ 76
03 컴퓨터실이 너무 좁아요 ······ 80

제7과 교통

01 중앙박물관이 어디에 있어요? ······ 86
02 박물관까지 20분쯤 걸립니다 ······ 90
03 횡단보도를 건너면 약국이 있어요 ······ 94

제8과 전화

01 제 전화번호는 010-212-3465예요 ······ 100
02 민우 씨한테서 전화가 왔어요 ······ 104
03 휴대 전화를 찾아주세요 ······ 108

제9과 날씨와 계절

01 오후에는 눈이 왔습니다 ······ 114
02 서울은 선선했는데 홍콩은 더워요 ······ 118
03 산이나 공원으로 꽃구경을 갑니다 ······ 122

제10과 음식

01 맵지만 건강에 좋은 음식이에요 ······ 128
02 한국 만두를 먹어 본 적이 있어요 ······ 132
03 그릇을 손에 들고 먹으면 안 됩니다 ······ 136

부록 01 **듣기 지문** / 142
02 **색인** / 143

내용 구성

과	주제	제목	어휘	과제
1	인사와 소개	저는 학생입니다	나라 이름, 직업 이름	자기소개 쓰기
		제 가방입니다	물건 이름	물건에서 대해서 쓰기
		방이 큽니다	동사, 형용사[1]	자기 방이나 물건에 대해서 쓰기
2	학교	지도 옆에 그림이 있습니다	위치 관련 어휘, 학교 시설물 관련 어휘	교실과 학교 상황 쓰기
		체육관에서 운동을 합니다	학교 활동 관련 어휘, 형용사[2]	학교에서 하는 일 쓰기
		산책을 하고 싶습니다	학교 근처 시설물 관련 어휘, 형용사[3]	학교 근처 생활 쓰기
3	친구와 가족	친구가 잘생겼습니다	형용사[4], 전공 관련 어휘	친구 소개 쓰기
		우리 가족사진입니다	가족 명칭, 존대 어휘	가족사진 설명 쓰기
		우리 가족은 여행을 좋아합니다	단위명사[1], 수사	가족 특징 쓰기
4	일상생활	6시에 일어납니다	시간 관련 어휘, 날짜 관련 어휘	하루 일과 쓰기
		주말에 고향 친구를 만났습니다	휴일 관련 어휘	주말 이야기 쓰기
		주말에 파티를 할 거예요	운동 관련 어휘, 취미 활동 관련 어휘	주말 계획 쓰기
5	학교 시설	영한사전을 한 권 샀어요	단위명사[2], 편의시설 관련 어휘	학교 시설 이용 방법 쓰기
		학생식당에서 먹읍시다	식당 관련 어휘, 음식 관련 어휘	음식과 식당을 제안하는 메시지 쓰기
		엘리베이터 옆에 있는 강의실이에요	건물 관련 어휘	강의실 위치 설명 쓰기
6	학교 생활	수업이 많지만 힘들지 않아요	수업 관련 어휘	수업에 대해서 쓰기
		이번 방학에는 고향에 가지 못해요	방학 활동 관련 어휘	방학 계획 설명하는 편지 쓰기
		컴퓨터실이 너무 좁아요	기숙사 시설 관련 어휘	불편 사항 건의하는 글 쓰기
7	교통	중앙박물관이 어디에 있어요?	교통 수단 관련 어휘 1	길 문의하는 이메일 쓰기
		박물관까지 20분쯤 걸립니다	교통 시설 관련 어휘 2	가는 길과 가는 방법 쓰기
		횡단보도를 건너면 약국이 있어요	길 찾기 관련 어휘	초대하는 글과 길 설명하는 글 쓰기
8	전화	제 전화번호는 010-212-3465예요	전화 관련 어휘, 모임 관련 어휘	계획과 전화번호 알리는 메모 쓰기
		민우 씨한테서 전화가 왔어요	행사 관련 어휘	전화 내용 전하는 메모 쓰기
		휴대 전화를 찾아주세요	분실물 관련 어휘	분실물(휴대 전화) 찾는 광고 쓰기
9	날씨와 계절	오후에는 눈이 왔습니다	날씨 관련 어휘	날씨 설명하기
		서울은 선선했는데 홍콩은 더워요	계절 관련 어휘	날씨 비교하기
		산이나 공원으로 꽃구경을 갑니다	계절 활동 관련 어휘	계절 활동 설명하기
10	음식	맵지만 건강에 좋은 음식이에요	음식 관련 어휘	음식 소개하는 글 쓰기
		한국 만두를 먹어 본 적이 있어요	요리법 관련 어휘	음식 비교하는 글 쓰기
		그릇을 손에 들고 먹으면 안 됩니다	식사 관련 어휘	식사 예절에 대해서 쓰기

Organization of contents

Chapter	Theme	Title	Vocabulary	Task
1	Greeting and Introducing Oneself	I am a student	Countries, occupations	Writing an introduction of oneself
		This is not my book	Objects	Writing about an object
		The room is big	Verbs, adjectives1	Writing about one's belonging or room
2	Campus	There is a picture next to the map	Location, school facilities	Writing about a classroom and school
		I exercise at a gym	School activities, adjectives2	Writing about school activities
		I want to take a walk	School facilities, adjectives3	Writing about activities nearby campus
3	Friends and Family	My friend is handsome	Adjectives4, majors	Writing about an introduction of one's friend
		This is our family picture	Familial terms, honorific forms	Writing a description about one's family picture
		Our family likes to travel around	Units1, numbers	Writing about the characteristics of one's family members
4	Daily Life	I get up at 6 o'clock	Time, dates	Writing about one's daily routine
		I met my hometown friends over the weekend	Holidays	Writing about one's weekend
		I'm going to have a party during the weekend	Sports, hobbies	Writing about weekend plans
5	School Facility	I bought a English-Korean dictionary	Units2, accommodations	Writing about how to utilize school facilities
		Let's eat at the student's cafeteria	Restaurants, food	Writing a message recommending a restaurant and food
		It's the lecture room next to the elevator	Buildings	Writing about the location of a lecture room
6	Campus Life	Although I have many classes, it's not tiring	Classes	Writing about a class
		I cannot go home during the vacation this time	Activities during vacation	Writing a letter explaining plans for vacation

Chapter	Theme	Title	Vocabulary	Task
6	Campus Life	The computer lab is so small	Dormitory facilities	Writing complaints
7	Transportation	Where is the Central Museum?	Transportation 1	Writing an email asking for directions
		It takes about twenty minutes to the museum	Transportation 2	Writing directions
		There is a pharmacy if you cross the street	Directions	Writing an invitational letter with an explanation of directions
8	Telephone	My phone number is 010-212-3465	Telephone, gatherings	Writing a memo of one's plan and phone number
		There was a call from Minwoo.	Events	Taking a message for someone else
		Please find my cellular phone	Lost and found	Writing an advertisement looking for lost items (cellular phone)
9	Weather and Seasons	It was snowing during the afternoon	Weather	Describing the weather
		The temperature in Seoul was cool, but it's hot in Hong Kong	Seasons	Comparing the weather
		I go to the mountains or parks to enjoy flowers	Seasonal activities	Explaining seasonal activities
10	Food	This food is spicy, but good for your body	Food	Writing an introduction to present a dish
		I have tried Korean dumplings before	Recipes	Writing a comparison of different dishes
		You should not eat by holding bowl in your hands	Meals	Writing about table manners

内容構成

課	主題	題目	語彙	課題
1課	挨拶	私は学生です。	国名, 職業名	自己紹介を書く
		私のカバンです。	物の名前	物について書く
		部屋が大きいです。	動詞, 形容詞	自分の部屋物について書く
2課	学校	地図の横に絵があります。	位置関連の語彙 学校の施設に関連する語彙	教室と学校の状況を書く
		体育館で運動をします。	学校での活動に関する語彙, 形容詞2	学校でする事について書く
		散歩がしたいです。	学校近所の施設に関連する語彙, 形容詞3	学校近所の生活について書く
3課	友だちと家族	友達はハンサムです。	形容詞4, 専攻に関連する語彙	友だちの紹介を書く
		私の家族の写真です。	家族名称, 尊敬語語彙	家族写真の説明を書く
		私の家族は旅行が好きです。	単位名詞1, 数詞	家族の特徴について書く
4課	日常生活	6時に起きます。	時間に関連する語彙 日にちに関連する語彙	日課について書く
		週末に故郷の友達に会います。	休日に関連する語彙	週末の話を書く
		週末にパーティーをします。	運動関連の語彙, 趣味活動についての語彙	週末の計画について書く
5課	学校施設	영한사전을 샀어요. 英韓辞典を一冊買いました。 (영한사전을 한 권 샀어요.)	単位名詞2, 施設に関連する語彙	学校施設の利用方法について書く
		学生食堂で食べましょう。	食堂に関連する語彙 食べ物に関連する語彙	食べ物と食堂を提案するメッセージを書く
		エレベーターの横にある講義室です。	建物に関連する語彙	講義室の位置を説明する

課	主題	題目	語彙	課題
6課	学校生活	授業は多いですが大変ではないです。	授業関連の語彙	授業について書く
		今度の休みには故郷に行けません。	長期休みの活動に関連する語彙	長期休みの計画を説明する手紙を書く
		パソコン室がとても狭いです。	寮の施設に関連する語彙	不便なことを意見する文章を書く
7課	交通	中央博物館はどこにありますか？	交通手段に関連する語彙	道を尋ねるメールを書く
		博物館まで20分ぐらいかかります。	交通施設に関連する語彙	行く道と行き方を書く
		横断歩道を渡ると薬局があります。	道を探すのに関連した語彙	招待文と道を説明する文を書く
8課	電話	私の電話番号は010-212-3465です。	電話に関連する語彙 集まりに関連する語彙	計画と電話番号を知らせるメモを書く
		ミンウさんから電話が来ましたよ。	行事に関連する語彙	電話の内容を伝えるメモを書く
		携帯電話を探してください。	無くし物 関連する語彙	無くし物(携帯電話)を探す広告を書く
9課	天気と季節	午後には雪が降りました。	天気に関連する語彙	天気を説明する
		ソウルは涼しかったですが香港は暑いです。	季節に関連する語彙	天気を比較する
		山や公園に花見に行きます。	季節ごとの活動に関連する語彙	季節ごとの活動について説明する
10課	음식	辛いけど健康にいい食べ物です。	食べ物に関連する語彙	食べ物を説明する文を書く
		韓国のマンドゥを食べたことがあります。	料理方法に関連する語彙	食べ物を比較する文を書く
		器を手に持って食べてはいけません。	食事に関連する語彙	食事作法について書く

内容结构

课别	主题	题目	词汇	表达方式
第一课	打招呼	我是学生。	国家名称, 职业名称	写自我介绍
		是我的包。	物品名称	写物品
		房间很大。	动词, 形容词	写自己的房间或物品
第二课	学校	地图旁边有图片。	位置相关词汇, 学校设施相关词汇	写教室及学校情况
		在体育馆做运动。	学校活动相关词汇, 形容词[2]	写在学校做的事
		我想去散步。	学校附近设施相关的词汇, 形容词[3]	写学校附近生活
第三课	朋友和家人	朋友长得很帅。	形容词[4], 专业相关的词汇	写朋友介绍
		这是我们家的全家福。	家人名称, 尊敬用语	写全家福的介绍
		我们家人喜欢旅游。	单位名词[1], 数词	写家人的特征
第四课	日常生活	6点起床。	时间相关词汇, 日期相关词汇	写一天的生活
		周末见了老家的朋友。	假日相关的词汇	写周末故事
		周末的时候要办派对。	运动相关词汇, 兴趣爱好相关词汇	写周末计划
第五课	学校设施	我买了英韩字典。	单位名词[2], 便利设施相关词汇	写学校设施的使用方法
		在学生食堂吃吧。	餐厅相关词汇, 食物相关词汇	写建议相关食物及餐厅的信息
		在电梯旁边的教室。	建筑物相关词汇	写教室位置的介绍
第六课	学校生活	课很多但是不累。	上课相关词汇	写与上课相关的内容
		这个假期不能回老家。	假期活动相关词汇	写介绍假期计划的信
		电脑室很狭窄。	宿舍设施相关词汇	写对不便利事项提建议的文章
第七课	交通	中央博物馆在哪儿?	交通工具相关词汇	写问路的邮件
		到博物馆大概20分钟。	交通设施相关词汇	写去的路及去的方法
		过了人行横道有药店。	找路相关词汇	写招待及介绍路的文章
第八课	电话	我的电话号码是010-212-3465。	电话相关词汇, 聚会相关词汇	写告知计划及电话号码的留纸条
		民宇打电话来了。	活动相关词汇	写转告电话内容的留纸条
		请帮我找一找电话。	丢失物品相关词汇	写找丢失物(手机)的广告
第九课	天气和季节	下午下雪了。	天气相关词汇	介绍天气
		首尔很凉爽, 香港很热。	季节相关词汇	比较天气
		去山或者公园里赏花。	季节活动相关词汇	介绍季节活动
第十课	食物	虽然辣但是是对健康很好的食物。	食物相关词汇	写介绍饮食的文章
		我吃过韩国饺子。	做饭方法相关词汇	写比较饮食的文章
		不能端着碗吃东西。	吃饭相关词汇	写饮食礼节的相关内容

제 1 과

인사와 소개

01 저는 학생입니다

02 제 가방입니다

03 방이 큽니다

01 저는 학생입니다

학/습/목/표 국적과 직업을 쓸 수 있다.

EN Objective To be able to write one's nationality and occupation.
JP 学修目標 国籍と職業について書くことが出来る。
CH 学习目标 会表达国籍和职业。

준비해 봅시다

EN Let's prepare. JP 準備しましょう。 CH 准备一下。

MP3/01

01 듣고 쓰십시오. 02~03

EN Listen and write. JP 次に読まれる文章を聴いて書いてみましょう。 CH 听文章写一写。

1. ______________________

2. ______________________

02 <보기>에서 관계가 있는 어휘를 찾아 써 봅시다.

EN Let's write the related vocabulary from <보기>. JP 関係がある語彙を探して書いてみましょう。 CH 找出有关系的词语写一写。

보기

가수 미국 미선 베트남 선생님 에릭
윈 일본 중국 한국 학생 회사원

나라 이름	사람 이름	직업 이름

써 봅시다

EN Let s write. JP 書いてみましょう。 CH 写一写。

01 〈보기〉와 같이 문장을 만들어 봅시다.

EN Let's make a sentence as it is shown in 〈보기〉. JP 〈例〉と同じように文章を作ってみましょう。 CH 请仿照〈例句〉造句。

은/는 　　입니다

〈보기〉 저/ 중국 사람
저는 중국 사람입니다.

1. 에릭 씨 / 미국 사람

2. 윈 씨 / 가수

3. 리에 씨 / 학생

4. 미선 씨 / 회사원

5. 마리아 씨 / 캐나다 사람

02 〈보기〉와 같이 써 봅시다.

EN Let's write as it is shown in 〈보기〉. JP 〈例〉と同じように書いてみましょう。 CH 请仿照〈例句〉写一写。

보기

안녕하십니까?
저는 왕웨이입니다.
중국 사람입니다.
학생입니다.

❶

윈
태국 사람, 가수

❷

김미선
학생, 한국 사람

❸

제임스
미국 사람, 기자

정리해 봅시다

EN Let's review. JP まとめ。 CH 整理一下。

자기에 대해서 써 보십시오.

EN Write an introduction of yourself. JP 自分について書いてみてください。 CH 请写一写你自己。

02 제 가방입니다

학/습/목/표 자기 물건에 대해서 쓸 수 있다.

EN Objective To be able to write about one's object.
JP 学修目標 自分の持ち物について書くことができる。
CH 学习目标 会写自己的物品。

준비해 봅시다

EN Let's prepare. JP 準備しましょう。 CH 准备一下。

MP3/02

01 듣고 쓰십시오. 05~06

EN Listen and write. JP 次に読まれる文章を聴いて書いてみましょう。 CH 听文章写一写。

1. ______________________________

2. ______________________________

02 〈보기〉에서 알맞은 단어를 찾아 써 봅시다.

EN Let's write the related vocabulary from 〈보기〉. JP 適した単語を探して書いてみましょう。 CH 找出合适的词语写一写。

보기

공책 교과서 사진기 연필 전자사전 지갑 필통 휴대 전화

(   )

(   )

(   )

(   )

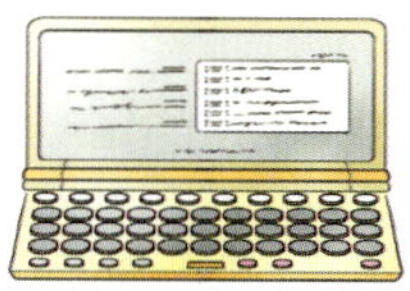

(   )

(   )

03 여러분 가방에 무엇이 있습니까 ? 써 봅시다.

EN What's in your bag? Let's write. JP 皆さんのカバンには何が入っていますか？ 書いてみましょう。
CH 你们包里有什么？请写一写。

____

써 봅시다

EN Let's write. JP 書いてみましょう。 CH 写一写。

01 〈보기〉와 같이 문장을 만들어 봅시다.

EN Let's make a sentence as it is shown in 〈보기〉. JP 〈例〉と同じように文章を作ってみましょう。 CH 请仿照〈例句〉造句。

이것 / 그것 / 저것　이분 / 그분 / 저분
이/가　아닙니다

〈보기〉 이것/제 가방
이것은 제 가방이 아닙니다.

1. 그것 / 미선 씨 책

2. 이 방 / 제 방

3. 연필 / 제 것

4. 그분 / 선생님

5. 이 책 / 미선 씨 책

02 〈보기〉와 같이 써 봅시다.

EN Let's write as it is shown in 〈보기〉. JP 〈例〉と同じように書いてみましょう。 CH 请仿照<例句>写一写。

보기

여기는 교실입니다.
우리 교실입니다.
이것은 연필입니다.
볼펜이 아닙니다.

❶

....
....
....
....

❷

....
....
....
....

❸

....
....
....

정리해 봅시다

EN Let's review. JP まとめ CH 整理一下。

여러분이 가지고 있는 물건에 대해서 써 보십시오.

EN Write about objects that you have. JP 皆さんが持っている物について書いてみましょう。 CH 写一写大家所拥有的物品。

03 방이 큽니다

학/습/목/표 장소에 대해서 쓸 수 있다.

EN Objective To be able to write about locations.
JP 学修目標 場所について書くことが出来る。
CH 学习目标 会写地点。

준비해 봅시다

EN Let's prepare. JP 準備しましょう。 CH 准备一下。

MP3/03

01 듣고 쓰십시오. 08~09

EN Listen and write. JP 次に読まれる文章を聴いて書いてみましょう。 CH 听文章写一写。

1. ______________________________

2. ______________________________

02 〈보기〉에서 알맞은 단어를 찾아 써 봅시다.

EN Let's write the related vocabulary from 〈보기〉. JP 適した単語を探して書いてみましょう。 CH 找出合适的词语写一写。

보기

가다 가르치다 먹다 쓰다 앉다 이야기하다 인사하다
자다 전화하다 많다 예쁘다 있다 작다 좋다 크다

(가다)

( )

( )

( )

( )

( )

( )

( )

사람이 ( )

써 봅시다

EN Let's write. JP 書いてみましょう。 CH 写一写。

01 〈보기〉와 같이 문장을 만들어 봅시다.

EN Let's make a sentence as it is shown in 〈보기〉. JP 〈例〉と同じように文章を作ってみましょう。 CH 请仿照〈例句〉造句。

이/가　　-습니다 / ㅂ니다

〈보기〉 친구/ 오다
친구가 옵니다.

1. 방 / 크다

2. 옷 / 예쁘다

3. 교실 / 좋다

4. 리에 씨 / 먹다

5. 미선 씨 / 쓰다

02 〈보기〉와 같이 써 봅시다.

EN Let's write as it is shown in 〈보기〉. JP 〈例〉と同じように書いてみましょう。 CH 请仿照〈例句〉写一写。

보기

여기는 제 방입니다.
방이 큽니다.
책상이 있습니다.
책상이 좋습니다.

❶

여기는 우리 교실입니다.

❷

여기는 제 방입니다.

❸

여기는 우리 집입니다.

정리해 봅시다

EN Let's review. JP まとめ。 CH 整理一下。

여러분의 집은 어떻습니까? 누가 무엇을 합니까? 써 보십시오.

EN What's your house like? Who lives there? What do they do? Write about your home.
JP 皆さんの家はどうですか？ 誰が何をしますか？ 書いてみましょう。 CH 大家的家怎么样呢？都有谁？做什么？请写一写。

제2과

학교

01 지도 옆에 그림이 있습니다
02 체육관에서 운동을 합니다
03 산책을 하고 싶습니다

01 지도 옆에 그림이 있습니다

학/습/목/표 교실 상황에 대해서 쓸 수 있다.

EN Objective To be able to write about a classroom.
JP 学修目標 教室の状況について書くことが出来る。
CH 学习目标 会写有关教室的情况。

준비해 봅시다

EN Let's prepare. JP 準備しましょう。 CH 准备一下。

MP3/04

01 듣고 쓰십시오. 11~12

EN Listen and write. JP 次に読まれる文章を聴いて書いてみましょう。 CH 听文章写一写。

1. ______________________________

2. ______________________________

02 〈보기〉에서 관계가 있는 어휘를 찾아 써 봅시다.

EN Let's write the related vocabulary from 〈보기〉. JP 次の単語の中から関係があるものを探して書いてみましょう。
CH 找出有关联的词语写一写。

보기

강의실 그림 기숙사 달력 도서관 뒤 문구점 밖 분필 서점 아래 안
앞 옆 운동장 위 의자 지도 지우개 책상 체육관 칠판 편의점

1. 교실 풍경

그림 , ______ , ______ , ______ , ______ , ______ , ______ , ______

2. 학교 건물

기숙사 , ______ , ______ , ______ , ______ , ______ , ______ , ______

3. 위치

뒤 , ______ , ______ , ______ , ______ , ______ , ______ , ______

써 봅시다

EN Let's write. JP 書いてみましょう。 CH 写一写。

01 〈보기〉와 같이 문장을 만들어 봅시다.

EN Let's make a sentence as it is shown in 〈보기〉. JP 〈例〉と同じように文章を作ってみましょう。 CH 请仿照〈例句〉造句。

1. 어디에 있습니까?

EN Where is it? JP どこにありますか? CH 在哪儿?

❶ ❷ ❸ ❹

〈보기〉 가방이 의자 아래에 있습니다.

❶

❷

❸

❹

2. 무엇이 있습니까?

EN What is there? JP 何がありますか? CH 有什么?

	❶	❷	❸	❹
[교실 안]	[교실 안]	[교실 안]	[학교 안]	[학교 안]
책상 ○	칠판 ○	텔레비전 ○	서점 ○	도서관 ○
의자 ○	분필 ○	컴퓨터 ○	문구점 ○	기숙사 ○
지도 ×	지우개 ×	옷걸이 ×	편의점 ×	운동장 ×

〈보기〉 책상이 있습니다. 의자도 있습니다. 지도는 없습니다.

❶

❷

❸

❹

02 〈보기〉와 같이 써 봅시다.

EN Let's write as it is shown in 〈보기〉. JP 〈例〉と同じように書いてみましょう。 CH 仿照〈例句〉写一写。

보기

우리 교실에 지도가 있습니다.
그림도 있습니다.
달력은 없습니다.
지도 옆에 그림이 있습니다.

❶

우리 교실에 ……

❷

우리 학교에 ……

❸

우리 학교에 ……

정리해 봅시다

EN Let's review. JP まとめ。 CH 整理一下。

한국어 교실이 어디에 있습니까? 한국어 교실에 무엇이 있습니까? 써 보십시오.

EN Where is the Korean classroom? What's in the Korean classroom? Write about it.
JP 韓国語教室はどこにありますか？韓国語教室には何がありますか？書いてみてください。 CH 韩语教室在哪儿？韩语教室里有什么？写一写。

02 체육관에서 운동을 합니다

학/습/목/표 학교에서 하는 일을 쓸 수 있다.

EN Objective To be able to write about school activities.
JP 学修目標 学校でする事について書くことが出来る。
CH 学习目标 会写在学校做的事情。

준비해 봅시다

EN Let's prepare. JP 準備しましょう。 CH 准备一下。

MP3/05

01 듣고 쓰십시오. 14~15

EN Listen and write. JP 次に読まれる文章を聴いて書いてみましょう。 CH 听文章写一写。

1. ______________________

2. ______________________

02 〈보기〉에서 관계가 있는 어휘를 찾아 써 봅시다.

EN Let's write the related vocabulary from 〈보기〉. JP 次の単語の中から関係があるものを探して書いてみましょう。
CH 找出有关联的词语写一写。

보기

거울 노래 밥 숙제 술 신문 아이스크림
영화 운동 일 잡지 저녁 점심 주스 차 커피

______ 을/를 하다 :
공부, ______, ______, ______, ______

______ 을/를 보다 :
사진, ______, ______, ______, ______

______ 을/를 먹다 :
아침, ______, ______, ______, ______

______ 을/를 마시다 :
물, ______, ______, ______, ______

써 봅시다

EN Let's write. JP 書いてみましょう。 CH 写一写。

01 〈보기〉와 같이 문장을 만들어 봅시다.

EN Let's make a sentence as it is shown in 〈보기〉. JP 〈例〉と同じように文章を作ってみましょう。 CH 仿照〈例句〉造句子。

1. 어디에서 무엇을 합니까?

EN Where are they? What are they doing there? JP どこで何をしますか? CH 在哪儿做什么?

❶ ❷ ❸ ❹

〈보기〉 교실에서 공부를 합니다.

❶

❷

❸

❹

2. 그곳은 어떻습니까?

EN What's the place like? JP そこはどんな場所ですか? CH 那儿怎么样?

❶ ❷ ❸ ❹

크다/깨끗하다　❶ 시끄럽다/복잡하다　❷ 넓다/시원하다　❸ 따뜻하다/조용하다　❹ 깨끗하다/좋다

〈보기〉 교실이 크고 따뜻합니다.

❶

❷

❸

❹

02 〈보기〉와 같이 써 봅시다.

EN Let's write as it is shown in 〈보기〉. JP 〈例〉と同じように書いてみましょう。 CH 仿照〈例句〉写一写。

보기

날마다 학교에서 한국어를 배웁니다.
학교 안에 식당이 있습니다.
식당에서 점심을 먹습니다.
식당이 깨끗하고 좋습니다.

❶

공부하다
운동하다

크다
좋다

❷

컴퓨터를 하다
커피를 마시다

넓다
깨끗하다

❸

TV를 보다
책을 읽다

작다
조용하다

정리해 봅시다

EN Let's review. JP まとめ。 CH 整理一下。

기숙사에서 무엇을 합니까? 기숙사는 어떻습니까? 써 보십시오.

EN What do you do at the dormitory? What's the dormitory like? Write about it.
JP 寄宿舎で何をしますか? 寄宿舎はどうですか? 書いてみましょう。 CH 你在宿舍做什么?宿舍怎么样?请写一写。

03 산책을 하고 싶습니다

학/습/목/표 학교 주변 시설에서 할 수 있는 일을 쓸 수 있다.

EN Objective To be able to write about activities nearby campus.
JP 学修目標 学校周辺の施設で出来る事を書くことが出来る。
CH 学习目标 写一写用学校周围的设施都能做些什么。

준비해 봅시다

EN Let's prepare. JP 準備しましょう。 CH 准备一下。

MP3/06

01 듣고 쓰십시오. 17~18

EN Listen and write. JP 次に読まれる文章を聴いて書いてみましょう。 CH 听文章写一写。

1. ______________________

2. ______________________

02 〈보기〉에서 알맞은 단어를 찾아 써 봅시다.

EN Let's write the related vocabulary from 〈보기〉. JP 次の単語の中から適した単語を探して書いてみましょう。
CH 找出合适的词语并写一写。

보기

공원 노래방 빵집 슈퍼마켓 시장 영화관 은행 커피숍 피시(PC)방

게임을 하다 노래를 부르다 돈을 찾다 산책을 하다 영화를 보다
옷을 사다 우유를 사다 조깅을 하다 커피를 마시다 케이크를 사다

(공원), (조깅을 하다)

( ), ( )

( ), ( )

( ), ( )

( ), ( )

( ), ( )

( ), ( )

( ), ( )

( ), ( )

써 봅시다

EN Let's write. JP 書いてみましょう。 CH 写一写。

01 〈보기〉와 같이 문장을 만들어 봅시다.

EN Let's make a sentence as it is shown in 〈보기〉. JP 〈例〉と同じように文章を作ってみましょう。 CH 仿照〈例句〉造句子。

1. 무엇을 하고 싶습니까? 어디에 갑니까?

EN What do you want to do? Where are you going? JP 何がしたいですか？どこに行きますか？ CH 想做什么？去哪儿？

❶ 

❷ 

❸ 

❹ 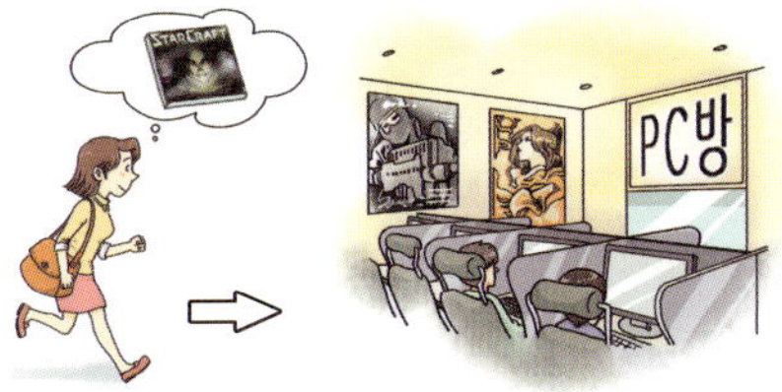

〈보기〉 돈을 찾고 싶습니다. 은행에 갑니다.

❶ ______________________

❷ ______________________

❸ ______________________

❹ ______________________

2. 그곳은 어디에 있습니까? 어떻습니까?

EN Where is that place? What's it like? JP そこはどこにありますか？どんな所ですか？ CH 那个地方在哪儿？怎么样？

학교 근처
크다/좋다

①

정문 앞
복잡하다/사람이 많다

②

동문 근처
깨끗하다/커피가 맛있다

③

북문 근처
꽃이 많다/주인이 친절하다

④

후문 앞
사람이 많다/시끄럽다

〈보기〉 은행은 학교 근처에 있습니다. 크고 좋습니다.

① ______________________________

② ______________________________

③ ______________________________

④ ______________________________

02 〈보기〉와 같이 써 봅시다.

EN Let's write as it is shown in 〈보기〉. JP 〈例〉と同じように書いてみましょう。 CH 请仿照〈例句〉写一写。

보기

산책을 하고 싶습니다.
공원에 갑니다.
공원은 학교 근처에 있습니다.
공원이 넓고 조용합니다.

①

____

____

____

____

❷

❸

정리해 봅시다

EN Let's review. JP まとめ。 CH 整理一下。

학교 근처에 무엇이 있습니까? 어디에 자주 갑니까? 그 곳은 어떻습니까? 써 보십시오.

EN What's nearby your school? Where do you often go? What's that place like? Write about it
JP 学校の近所に何がありますか？どこによく行きますか？そこはどうですか？書いてみましょう。
CH 学校附近有什么？你经常去哪儿？那里怎么样？请写一写。

제3과

친구와 가족

01 친구가 잘생겼습니다
02 우리 가족사진입니다
03 우리 가족은 여행을 좋아합니다

01 친구가 잘생겼습니다

학/습/목/표 친구를 소개하는 글을 쓸 수 있다.

EN Objective To be able to write an introduction of one's friend.
JP 学修目標 友達を紹介する文を書くことが出来る。
CH 学习目标 会写介绍朋友的文章。

MP3/07

준비해 봅시다

EN Let's prepare. JP 準備しましょう。 CH 准备一下。

01 듣고 쓰십시오. 20~21

EN Listen and write. JP 次に読まれる文章を聴いて書いてみましょう。 CH 听文章写一写。

1. ______________________

2. ______________________

02 〈보기〉에서 관계가 있는 어휘를 찾아 써 봅시다.

EN Write the related vocabulary from 〈보기〉. JP 次の単語の中から関係があるものを探して書いてみましょう。
CH 找出相关的词汇并写一写。

보기

국어국문학 국제학 도쿄 베이징 베트남 몽골 미국 언론정보영상학
울란바토르 인도네시아 일본 자카르타 캔버라 컴퓨터공학 하노이
귀엽다 머리가 길다 머리가 짧다 멋있다 친절하다 키가 작다 키가 크다

외모 : 예쁘다, 잘생겼다
______, ______
______, ______

전공 : 경영학, 경제학
______, ______
______, ______

국가 : 독일, 중국
______, ______
______, ______

도시 : 파리, 뉴욕
______, ______
______, ______

써 봅시다

EN Let's write. JP 書いてみましょう。 CH 写一写。

01 〈보기〉와 같이 문장을 만들어 봅시다.

EN Let's make a sentence as it is shown in 〈보기〉. JP 〈例〉と同じように文章を作ってみましょう。 CH 仿照〈例句〉造句子。

1. 친구가 어디에서 왔습니까? 무엇을 공부하고 싶어합니까?

EN Where did your friend come from? What does your friend want to study?
JP 友達はどこから来ましたか？何を勉強したいと言っていますか？ CH 你的朋友从哪里来？他想学习什么？

웨이

〈보기〉
웨이 씨는 중국에서 왔습니다.
경제학을 공부하고 싶어합니다.

❶ 유우코

....
....
....
....
....

❷ 지은

....
....
....
....
....

2. 친구가 어떻습니까? 외모를 설명해 봅시다

EN How does your friend look? Describe your friend's look. JP 友達はどんな人ですか？友達の姿を説明してみましょう。
CH 你的朋友怎么样？请说明一下他的外貌。

제임스

〈보기〉
제임스 씨는 아주 잘생겼습니다.

❶ 제시카

....
....
....
....

❷ 신지

....
....
....
....

02 〈보기〉와 같이 이야기를 만들어 봅시다.

EN Let's make a story as it is shown in 〈보기〉. JP 〈例〉と同じように話を作ってみましょう。 CH 仿照〈例句〉编故事。

보기
제리 씨는 반 친구입니다.
미국 뉴욕에서 왔습니다.
경영학을 공부하고 싶어합니다.
제리 씨는 아주 친절합니다.

❶

아마라
몽골, 울란바토르
경제학
머리가 길다

❷

정리해 봅시다

EN Let's review. JP まとめ。 CH 整理一下。

옆 친구를 소개하는 글을 써 보십시오.

EN Write an introduction of a friend next to you. JP 隣の友達を紹介する文を書いてみましょう。 CH 请写一篇文章介绍你旁边的朋友。

02 우리 가족사진입니다

학/습/목/표 가족사진을 설명하는 글을 쓸 수 있다.

EN Objective To be able to write a description about one's family picture.
JP 学修目標 家族の写真を説明する文を書くことが出来る。
CH 学习目标 会写介绍全家福的文章。

준비해 봅시다

EN Let's prepare. JP 準備しましょう。 CH 准备一下。

MP3/08

01 듣고 쓰십시오. 23~24

EN Listen and write. JP 次に読まれる文章を聴いて書いてみましょう。 CH 听文章写一写。

1. ____________________

2. ____________________

02 〈보기〉에서 관계가 있는 어휘를 찾아 써 봅시다.

EN Let's write the related vocabulary from 〈보기〉. JP 次の単語の中から関係があるものを探して書いてみましょう。
CH 找出相关的词汇并写一写。

보기: 남동생 누나 삼촌 아버지 어머니 언니 여동생 이모 형

가족 명칭(여자)		가족 명칭(남자)	
할머니,	,	할아버지,	,
,	,	,	,
,	,	,	,

03 맞는 것을 연결해 봅시다.

EN Let's connect the related vocabulary and picture. JP 内容が合うものを線で結んでみましょう。 CH 请把正确的连线。

- 계시다
- 말하다
- 먹다
- 주무시다
- 있다
- 잡수시다
- 자다
- 말씀하시다

써 봅시다

EN Let's write. JP 書いてみましょう。 CH 写一写。

01 〈보기〉와 같이 써 봅시다.

EN Let's write as it is shown in. JP 〈例〉と同じように書いてみましょう。 CH 仿照〈例句〉写一写。

1. 가족사진입니까? 가족을 소개해 봅시다.

EN Is that your family picture? Introduce your family. JP 家族写真ですか？家族を紹介してみましょう。 CH 是全家福吗？介绍一下家人。

〈보기〉
아버지는 회사원이십니다.
아버지는 키가 크십니다.
아버지는 운동을 잘 하십니다.
요리를 좋아하십니다.

❶ 어머니는

❷ 언니는

❸ 동생은

02 〈보기〉와 같이 이야기를 만들어 봅시다.

EN Let's make a story as it is shown in 〈보기〉. JP 〈例〉と同じように話を作ってみましょう。 CH 仿照〈例句〉编故事。

보기

이 분은 제 아버지이십니다.
아버지는 선생님이십니다.
아버지는 운동을 좋아하십니다.
키가 크십니다.

❶

어머니
은행원
노래를 잘 하다
아주 친절하다

❷

정리해 봅시다

EN Let's review. JP まとめ。 CH 整理一下。

형(누나, 오빠, 언니)가 있습니까? 소개하는 글을 써 보십시오.

EN Do you have an elder brother or sister? Write an introduction about them. JP 兄(姉)がいますか？紹介する文を書いてみましょう。
CH 你有哥哥(姐姐)吗？写文章介绍一下。

03 우리 가족은 여행을 좋아합니다

학/습/목/표 가족의 특징을 설명하는 글을 쓸 수 있다.

EN Objective To be able to write about the characteristics of one's family members.
JP 学修目標 家族の特徴を説明する文を書くことが出来る。
CH 学习目标 会写说明家人的特征的文章。

준비해 봅시다

EN Let's prepare. JP 準備しましょう。 CH 准备一下。

MP3/09

01 듣고 쓰십시오. 26~27

EN Listen and write. JP 会話を聴いて書いてみましょう。 CH 听文章写一写。

1. ______________________________

2. ______________________________

02 맞는 것을 연결해 봅시다.

EN Let's connect the related vocabulary and picture. JP 内容が合うものを線で結んでみましょう。 CH 请把正确的连线。

이메일 · 전화 · 요리 · 문자메시지

여행 · 컴퓨터 게임 · 운동 · 화상 통화

써 봅시다

EN Let's write. JP 書いてみましょう。 CH 写一写。

01 〈보기〉와 같이 문장을 만들어 봅시다.

EN Let's make a sentence as it is shown in 〈보기〉. JP 〈例〉と同じように文章を作ってみましょう。 CH 仿照〈例句〉造句子。

1. 가족이 몇 명입니까? 어디에 삽니까?

EN How many people are in your family? Where does each of your family member live? JP 家族は何人ですか？どこに住んでいますか？
CH 你家有几口人？住在哪儿？

〈보기〉
가족이 세 명입니다.
부모님은 베이징에 사십니다.

❶ 

❷ 

2. 가족이 무엇을 좋아합니까? 그것은 어떻습니까?

EN What does your family like to do? What's the activity like? JP 家族は何が好きですか？それはどんなものですか？
CH 你的家人喜欢什么？那个东西怎么样？

〈보기〉
우리 가족은 요리를 좋아합니다.
요리가 참 재미있습니다.

❶ 

❷ 

02 〈보기〉와 같이 이야기를 만들어 봅시다.

EN Let's make a story as it is shown in 〈보기〉. JP 〈例〉と同じように話を作ってみましょう。 CH 仿照〈例句〉编故事。

보기

우리 가족은 어머니하고 아버지하고 저, 모두 세 명입니다.
부모님은 상하이에 사십니다.
우리 가족은 요리를 좋아합니다.
요리가 참 재미있습니다.

❶

영국, 런던
여행을 좋아하다
여행이 즐겁다

❷

정리해 봅시다

EN Let's review. JP まとめ。 CH 整理一下。

여러분의 가족은 어떻습니까? 가족에 대해서 써 보십시오.

EN How would you describe your family? Write about your family. JP 皆さんの家族はどうですか？家族について書いてみましょう。
CH 你们的家人怎么样呢？写一写你的家人。

제4과

일상생활

01 6시에 일어납니다

02 주말에 고향 친구를 만났습니다

03 주말에 파티를 할 거예요

01 6시에 일어납니다

학/습/목/표 하루 일과를 쓸 수 있다.

EN Objective To be able to write about one's daily routine.
JP 学修目標 日記を書くことが出来る。
CH 学习目标 会写一天的日程。

준비해 봅시다

EN Let's prepare. JP 準備しましょう。 CH 准备一下。

01 읽고 질문에 답하십시오.

EN Read and answer the question. JP 次の文章を読んで質問に答えてください。 CH 读并回答问题。

> 저는 학생입니다.
> 9시부터 1시까지 학교에서 공부를 합니다.
> 오후에는 보통 체육관에서 운동을 합니다.
> 저녁에는 텔레비전을 보고 숙제를 합니다.

1. 이 사람의 일과를 다음 표에 그려 봅시다.

EN Let's draw a graph of this person's daily routine. JP この人の日課を次の表に表してみましょう。 CH 在下面的表格中画出这个人的一天。

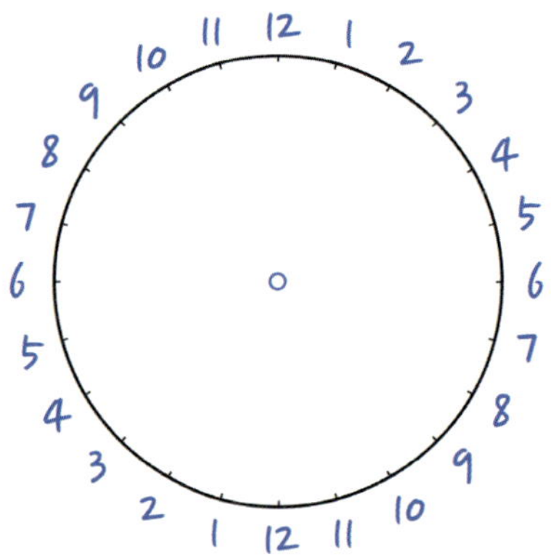

02 날마다 무엇을 합니까? □ 에 ✓표를 하고 빈 칸을 채워 봅시다.

EN What do you do every day? Let's mark ✓ and fill in the blanks. JP 毎日何をしますか？□に✓をつけて空欄を埋めてみましょう。
CH 每天做什么？在□划✓并填空。

□ 학교에 갑니다.	□ 한국어를 배웁니다.	□ 운동을 합니다.
□ 텔레비전을 봅니다.	□ 식사를 합니다.	□ 숙제를 합니다.
□ ________	□ ________	□ ________

써 봅시다

EN Let's write. JP 書いてみましょう。 CH 写一写。

01 하루의 생활을 〈보기〉와 같이 써 봅시다.

EN Let's write about a daily routine as it is shown in 〈보기〉. JP 一日の生活を〈例〉と同じように書いて見ましょう。
CH 仿照〈例句〉写一写一天的生活。

1. 오전에 무엇을 합니까?

EN What does this person do in the morning? JP 午前中は何をしますか？ CH 上午做什么？

〈보기〉
6시에 일어납니다.

❶ 

❷ 

2. 오후(저녁)에 무엇을 합니까?

EN What does this person do in the afternoon(evening)? JP 午後(夕方)は何をしますか？ CH 下午(傍晚)做什么？

〈보기〉
1시에 학생식당에서 점심을 먹고
도서관에 갑니다.

❶  

❷  

....

....

....

02 친구들의 하루 생활을 〈보기〉와 같이 써 봅시다.

EN Let's write about your friend's daily routine as it is shown in 〈보기〉. JP 友達の一日の生活を〈例〉と同じように書いて見ましょう。
CH 仿照〈例句〉写一写朋友一天的生活。

AM 06:00	일어나다
AM 08:30	학교에 가다
AM 09:00 ~ PM 01:00	한국말을 배우다
PM 01:30	점심을 먹다
PM 02:00 ~ 04:00	숙제를 하다
PM 05:00 ~ 07:00	아르바이트를 하다
PM 09:00 ~ 10:00	컴퓨터를 하다
PM 11:00	부모님께 전화 드리다/ 자다

〈보기〉
저는 여섯 시에 일어납니다. 여덟 시 반에 학교에 갑니다. 오전에는 한국말을 배웁니다. 한 시 삼십분에 점심을 먹고 도서관에서 네 시까지 숙제를 합니다. 다섯 시부터 일곱 시까지 학교 근처 편의점에서 아르바이트를 합니다. 아홉 시부터 열 시까지 컴퓨터를 합니다. 열한 시에 부모님께 전화 드리고 잡니다.

❶

AM 05:00	일어나다
AM 05:30 ~ 06:30	운동을 하다/ 샤워를 하다
AM 07:00	아침을 먹다
AM 08:00	학교에 가다
PM 03:00 ~ 04:00	태권도를 배우다
PM 05:00	한국 친구를 만나다

....

....

....

....

....

....

❷

AM 09:00 ~ PM 11:00	한국 친구에게 중국어를 가르치다
PM 01:00	점심을 먹다
PM 02:00	도서관에 가다
PM 04:00 ~ 06:00	한국어를 배우다
PM 09:00 ~ 10:00	TV를 보다
PM 10:00	일기를 쓰다/ 자다

정리해 봅시다

EN Let's review. JP まとめ。 CH 整理一下。

여러분의 하루 생활을 써 보십시오.

EN Write about your daily routine. JP 皆さんの一日の生活を書いてみましょう。 CH 写一写你一天的生活。

02 주말에 고향 친구를 만났습니다

학/습/목/표 주말 이야기를 쓸 수 있다.

EN Objective To be able to write about one's weekend.
JP 学修目標 週末の話を書くことが出来る。
CH 学习目标 会写周末的事情。

준비해 봅시다

EN Let's prepare. JP 準備しましょう。 CH 准备一下。

01 읽고 질문에 답하십시오.

EN Read and answer the question. JP 文章を読んで質問に答えてください。 CH 读并回答问题。

> 지난주 일요일에 인천에 갔습니다.
> 고향 친구를 만나서 점심을 먹었습니다.
> 극장에 가서 한국 영화도 봤습니다.
> 재미있었습니다.

1. 이 사람은 언제, 어디에 갔습니까?

EN Where did this person go? When did he/she go there? JP この人はいつ、どこに行きましたか？ CH 这个人什么时间, 去了哪里？

2. 이 사람은 무엇을 했습니까? 맞는 것에 ○표 하십시오.

EN What did he/she do? Mark ○ next to the correct answer. JP この人は何をしましたか？内容と合っているものに○をつけてください。
CH 这个人做了什么？在正确的选项上划○。

(1) 한국 친구를 만났습니다. ( )

(2) 친구와 같이 저녁을 먹었습니다. ( )

(3) 친구와 같이 영화를 봤습니다. ( )

02 여러분은 지난주 토요일에 무엇을 했습니까? □에 ✓표를 하고 빈 칸을 채워 봅시다.

EN What did you do last Saturday? Let's mark ✓ and fill in the blanks.
JP 皆さんは先週の土曜日に何をしましたか。□に ✓ をつけて空欄を埋めてみましょう。
CH 你们上个星期六做了什么？在□划 ✓ 并填空。

□ 친구를 만났습니다.	□ 책을 읽었습니다.	□ 영화를 봤습니다.
□ 쇼핑을 했습니다.	□ 청소를 했습니다.	□ 산책을 했습니다.
□ ________	□ ________	□ ________

써 봅시다

EN Let's write. JP 書いてみましょう。 CH 写一写。

01 〈보기〉와 같이 써 봅시다.

EN Let's write as it is shown in 〈보기〉. JP 〈例〉と同じように書いてみましょう。 CH 仿照〈例句〉写一写。

1. 언제, 어디에 갔습니까?

EN What did this person go? When did he/she go there? JP いつ、どこに行きましたか？ CH 什么时候, 去哪儿了？

11

SUN	MON	TUE	WED	THU	FRI	SAT
		1	2	3	4	5
6	7	8	9	10	11	12
13	14	15	16	17	18	19

〈보기〉
월요일에 도서관에 갔습니다

❶

11

SUN	MON	TUE	WED	THU	FRI	SAT
		1	2	3	4	5
6	7	8	9	10	11	12
13	14	15	16	17	18	19

....

....

❷

11

SUN	MON	TUE	WED	THU	FRI	SAT
		1	2	3	4	5
6	7	8	9	10	11	12
13	14	15	16	17	18	19

....

....

2. 거기에서 무엇을 했습니까?

EN What did he/she do there? JP そこで何をしましたか？ CH 在那儿做什么了？

〈보기〉
책을 빌려서 읽었습니다

❶

....

....

❷ 

02 지난 주말에 무엇을 했습니까? 〈보기〉와 같이 써 봅시다.

EN What did this person do last weekend? Let's write as it is shown in 〈보기〉.
JP 先週の週末に何をしましたか？〈例〉と同じように書いてみましょう。 CH 上周周末做什么了？仿照〈例句〉写一写。

- 언제? 토요일
- 어디에 갔습니까? 서울
- 무엇을 했습니까? 친구를 만나다/ 영화를 보다
  명동에 가다/ 쇼핑을 하다
- 어땠습니까? 기분이 좋다

〈보기〉 저는 토요일에 서울에 갔습니다. 친구를 만나서 한국영화를 봤습니다. 명동에 가서 옷과 화장품을 샀습니다. 기분이 참 좋았습니다.

❶ 

- 언제? 일요일
- 어디에 갔습니까? 시장
- 무엇을 했습니까? 고기와 야채를 사다/
  고향 음식을 만들다
- 어땠습니까? 맛있다

❷

● 언제?	토요일 저녁
● 어디에 갔습니까?	여자친구 집
● 무엇을 했습니까?	꽃을 사다/ 여자친구에게 주다
	케이크를 사다/ 같이 먹다
● 어땠습니까?	즐겁다

정리해 봅시다

EN Let's review. JP まとめ。 CH 整理一下。

여러분은 주말에 무엇을 했습니까? 써 보십시오.

EN What did you do last weekend? Write about it. JP 皆さんは週末何をしましたか？書いてみましょう。 CH 大家周末做什么了？请写一写。

03 주말에 파티를 할 거예요

학/습/목/표 주말 계획을 쓸 수 있다.

EN Objective To be able to write about one's weekend plans.
JP 学修目標 週末の計画を書くことが出来る。
CH 学习目标 会写周末计划。

준비해 봅시다

EN Let's prepare. JP 準備しましょう。 CH 准备一下。

01 읽고 질문에 답하십시오.

EN Read and answer the question. JP 文章を読んで質問に答えてください。 CH 读并回答问题。

> 토요일에 시간이 있습니까?
> 토요일 저녁에 제니 씨 집에서 파티를 할 거예요.
> 선생님하고 친구들도 올 거예요.
> 샤오밍 씨도 같이 갑시다.

1. 무엇을 할 거예요?

EN What is this person going to do? JP 何をしますか？ CH 要做什么？

2. 어디에서 할 거예요? 맞는 것에 ○표 하십시오.

EN Where is this person going to do it? Mark ○ next to the correct answer.
JP どこでしますか？内容と合っているものに○をつけてください。 CH 要在什么地方做？在正确的选项上划○。

(1) 제니 씨 집 ( )

(2) 선생님 집 ( )

(3) 샤오밍 씨 집 ( )

02 이번 주말에 무엇을 할 거예요? □에 ✓표를 하고 빈 칸을 채워 봅시다.

EN What are you going to do this weekend? Let's mark ✓ and fill in the blanks.
JP 今度の週末に何をしますか？□に✓をつけて空欄を埋めてみましょう。
CH 这个周末你想做什么？在□划✓并填空。

□ 파티를 할 거예요.	□ 자전거를 탈 거예요.	□ 극장에 갈 거예요.
□ 농구를 할 거예요.	□ 음악회에 갈 거예요.	□ 여행을 할 거예요.
□ ________	□ ________	□ ________

써 봅시다

EN Let's write. JP 書いてみましょう。 CH 写一写。

01 〈보기〉와 같이 휴일 계획을 써 봅시다.

EN Let's write weekend plans as it is shown in 〈보기〉. JP 〈例〉と同じように休日の計画を書いてみましょう。
CH 仿照〈例句〉写一写休息日的计划。

1. 언제, 어디에 갈 거예요?

EN Where is this person going? When is he/she going there? JP いつ、どこに行きますか？ CH 什么时候, 去哪儿？

일요일 오전

〈보기〉
일요일 오전에 학교 운동장에 갈거예요.

❶

토요일 오전

❷

토요일 오후

2. 무엇을 할 거예요?

EN What is he/she going to do there? JP 何をしますか？ CH 要做什么？

〈보기〉
거기에서 축구도 하고 농구도 할 거예요.

❶

❷ 

---

02 주말 계획을 세우고 같이 가고 싶은 친구에게 〈보기〉와 같이 메모를 남겨 봅시다.

EN Let's make a weekend plan, and write a memo inviting your friend as it is shown in 〈보기〉.
JP 週末の計画を立てて、一緒に行きたい友達に〈例〉と同じようにメモを書いてみましょう。
CH 制定一下周末计划, 仿照〈例句〉给想一起去的朋友写留言条。

바다/산
에릭 씨도 같이 가다

〈보기〉

웨이() 씨, 주말에 뭐 합니까? 저는 제주도에 갈 거예요. 거기에서 바다도 보고 등산도 할 거예요. 에릭 씨하고 같이 갈 거예요. 웨이 씨도 같이 갑시다. 전화 주십시오.

- 민철() -

❶ 

노래/춤/맛있는 음식
선생님도 오시다

리에 씨, 토요일에 시간이 있습니까?

같이 갑시다. - 안나 -

❷

명동(쇼핑)/인사동(구경)
놀이공원에도 가다

퓨퓨 씨, 내일 바쁩니까?

같이 갑시다. - 정희 -

정리해 봅시다

EN Let's review. JP まとめ。 CH 整理一下。

여러분이 웨이()입니다. 〈보기〉의 메모를 보고 민철() 씨에게 전화해서 뭐라고 말하겠습니까? 하고 싶은 말을 써 보십시오.

EN You are Wei and you want to respond to Min-cheol's. memo in the previous 〈보기〉. What will you say to Min-cheol when you call him? Write down what you would like to say to Min-cheol.

JP 皆さんはウェイです。〈例〉のメモを見た後、ミンチョルさんに電話してなんと言いますか？皆さんの週末の計画を書いてみてください。話したい内容を書。

CH 大家是伟。看了〈例句〉中的留言条后给民哲打电话要说些什么？写一写想说的话。

제5과

학교 시설

01 영한사전을 한 권 샀어요

02 학생식당에서 먹읍시다

03 엘리베이터 옆에 있는 강의실이에요

01 영한사전을 한 권 샀어요

학/습/목/표 학교 시설을 이용한 일에 대해서 쓸 수 있다.

EN Objective To be able to write about one's experience of utilizing school facilities.
JP 学修目標 学校の施設を利用した事について書くことが出来る。
CH 学习目标 会写使用学校设施的相关事宜。

준비해 봅시다

EN Let's prepare. JP 準備しましょう。 CH 准备一下。

01 읽고 질문에 답하십시오.

EN Read and answer the question. JP 次の文を読んで質問に答えてください。 CH 读并回答问题。

> 학생회관에는 서점, 문구점, 학생식당, 커피숍, 은행이 있어요.
> 오늘 서점에 사전을 사러 갔어요.
> 영한사전을 한 권 샀어요.
> 사전은 한 권에 18,000원이었어요.
> 내일은 중국 돈을 한국 돈으로 바꾸러 갈 거예요.

1. 오늘 어디에 갔습니까?

EN Where did this person go today? JP 今日はどこに行きましたか？ CH 今天去哪儿了？

☐ 서점 ☐ 문구점 ☐ 학생식당 ☐ 커피숍 ☐ 은행

2. 내일 어디에 갑니까?

EN Where will this person go tomorrow? JP 明日はどこに行きますか? CH 明天去哪儿？

☐ 서점 ☐ 문구점 ☐ 학생식당 ☐ 커피숍 ☐ 은행

02 다음 장소에서 무엇을 합니까?

EN What do you do at the following places? JP 次の場所で何をしますか？ CH 在以下场所做什么？

신문을 사다

볼펜을 사다

친구를 만나다

코코아를 마시다

환전을 하다

요가를 배우다

써 봅시다

EN Let's write. JP 書いてみましょう。 CH 写一写。

01 〈보기〉와 같이 써 봅시다.

EN Let's write as it is shown in 〈보기〉. JP 〈例〉と同じように書いてみましょう。 CH 仿照〈例句〉写一写。

1. 오늘 어디에 갔습니까? 왜 갔습니까?

EN Where did you go today? Why did you go there? JP 今日は何処に行きましたか？なぜ行きましたか？ CH 今天去哪儿了？为什么去？

〈보기〉
지우개를 사러 문구점에 갔어요.

❶

❷

2. 무엇을 샀습니까? 얼마였습니까?

EN What did you buy? How much was it? JP 何を買いましたか？いくらでしたか？ CH 买什么东西了？多少钱？

〈보기〉
지우개를 세 개 샀어요.
지우개는 한 개에 700원이었어요.

❶

❷

02 오늘 어디에서 무엇을 했습니까? 내일은 무엇을 합니까? 〈보기〉와 같이 이야기를 만들어 봅시다.

EN What did you do today? Where did you do it? What will you do tomorrow? Let's make a story as it is shown in 〈보기〉.
JP 今日はどこで何をしましたか？明日は何をしますか？〈例〉と同じように話を作ってみましょう。
CH 今天在哪儿做什么了？明天做什么？仿照〈例句〉编故事。

〈보기〉 학생회관에는 서점, 문구점, 학생식당, 편의점, 미용실, 커피숍, 은행이 있어요. 오늘 문구점에 지우개와 공책을 사러 갔어요. 지우개 한 개와 공책 두 권을 샀어요. 지우개는 한 개에 500원이고 공책은 한 권에 1,000원이었어요. 모두 2,500원이었어요. 내일은 커피숍에서 친구를 만날 거예요.

❶

학생회관에는 서점, 문구점, 학생식당, 편의점, 미용실, 커피숍, 은행이 있어요.

❷

학생회관에는 서점, 문구점, 학생식당, 편의점, 미용실, 커피숍, 은행이 있어요.

정리해 봅시다

EN Let's review. JP まとめ。 CH 整理一下。

여러분은 학생회관에 왜 갔습니까? 그리고 무엇을 샀습니까? 값은 얼마였습니까? 써 보십시오.

EN Why did you go to the student union? What did you buy there? How much was it? Write about the experience.
JP 皆さんはなぜ学生会館に行きましたか？そして何を買いましたか？いくらでしたか？書いてみてください。
CH 大家为什么去学生会馆？买什么了？价格是多少？请写一写。

02 학생식당에서 먹읍시다

학/습/목/표 음식과 식당을 선택하여 제안하는 메시지를 쓸 수 있다.

EN Objective To be able to write a message recommending a restaurant and food.
JP 学修目標 メニューと食堂を選び提案するメッセージを書くことが出来る。
CH 学习目标 会写关于选择食物和餐厅并提出建议的信息。

준비해 봅시다

EN Let's prepare. JP 準備しましょう。 CH 准备一下。

01 읽고 질문에 답하십시오.

EN Read and answer the question. JP 次の文を読んで質問に答えてください。 CH 读并回答问题。

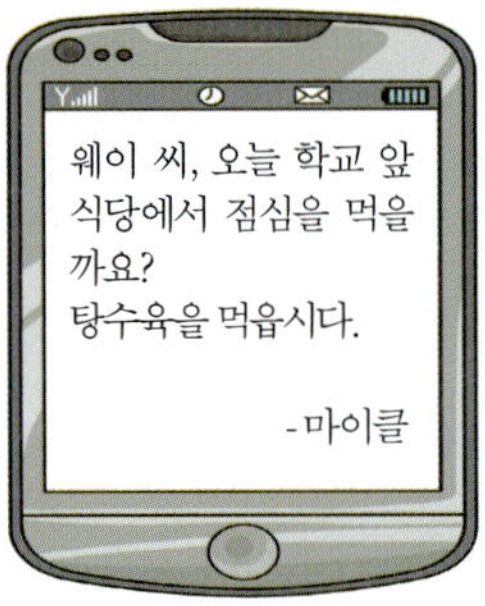

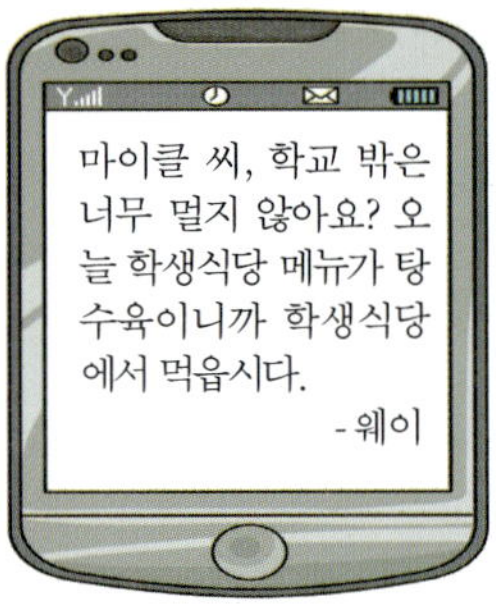

1. 두 사람은 오늘 무엇을 먹습니까?

EN What are the two people going to eat? JP 二人は今日何を食べますか? CH 两个人今天吃什么?

☐ 한국 음식 ☐ 중국 음식 ☐ 일본 음식 ☐ 태국 음식

2. 웨이 씨는 어디에서 점심을 먹고 싶어합니까?

EN Where does Wei want to eat lunch? JP ウェイさんはどこで昼食を食べたがりますか? CH 伟想在哪儿吃午饭?

☐ 중국 식당 ☐ 한식집 ☐ 일식집 ☐ 학생식당

02 〈보기〉에서 음식을 골라 학생식당의 메뉴판을 만들어 봅시다.

EN Let's choose a dish from 〈보기〉 and make a menu for the student cafeteria.
JP 〈例〉から料理を選んで学生食堂のメニューを作ってみましょう。 CH 挑选食物, 做一份学生食堂的菜单。

보기

김밥 냉면 돈까스 된장찌개 볶음밥 비빔밥 샌드위치
스파게티 쌀국수 제육볶음 짜장면 우동 탕수육

아침 메뉴	점심 메뉴	저녁 메뉴

써 봅시다

EN Let's write. JP 書いてみましょう。 CH 写一写。

01 〈보기〉와 같이 써 봅시다.

EN Let's write as it is shown in 〈보기〉. JP 〈例〉と同じように書いてみましょう。 CH 仿照〈例句〉写一写。

1. 무슨 메시지입니까? 여러분 생각은 어떻습니까? 여러분의 답을 써 봅시다.

EN What kind of message is it? What do you think of it? Write your reply to it. JP 何のメッセージですか？皆さんの考えはどうですか？
CH 是什么信息？大家觉得怎么样？请写一下你们的回信。

〈보기〉

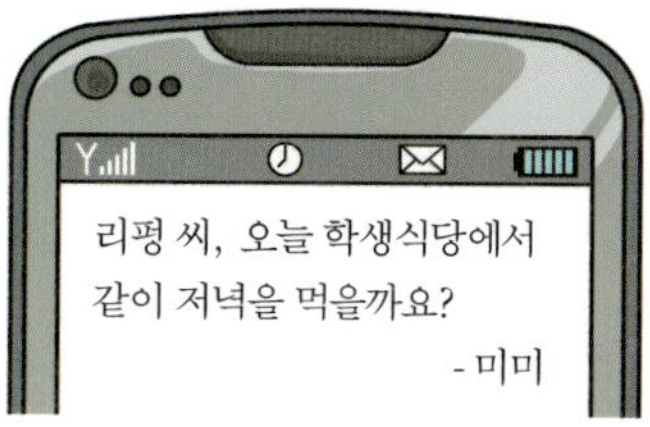

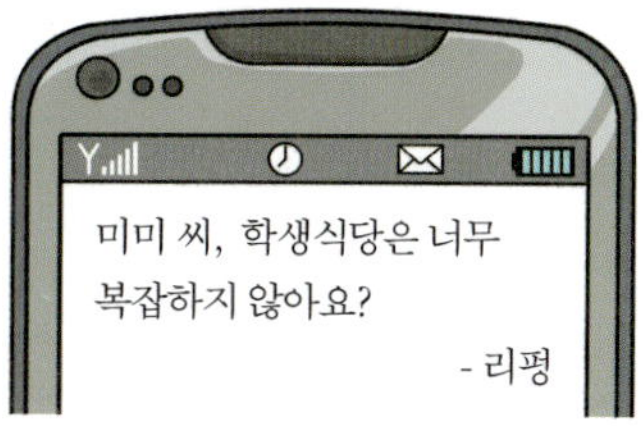

❶

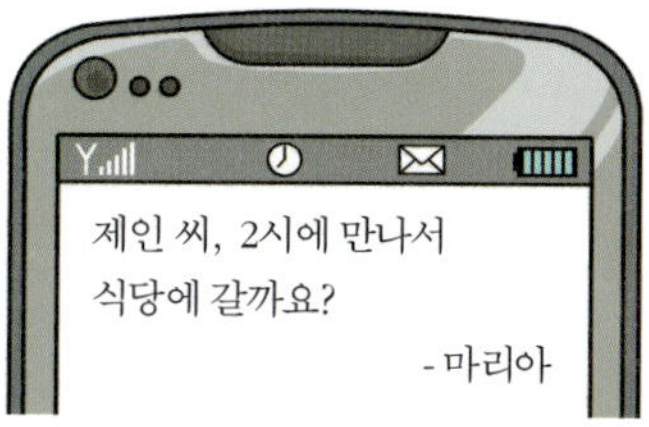

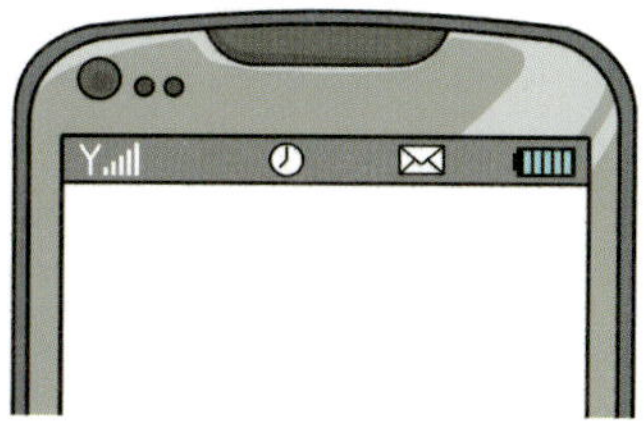

❷

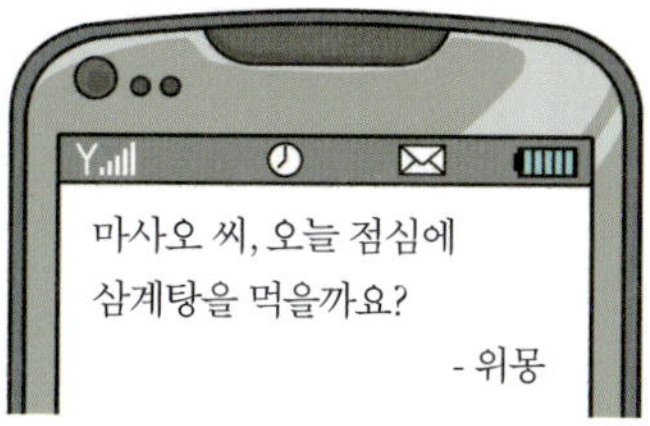

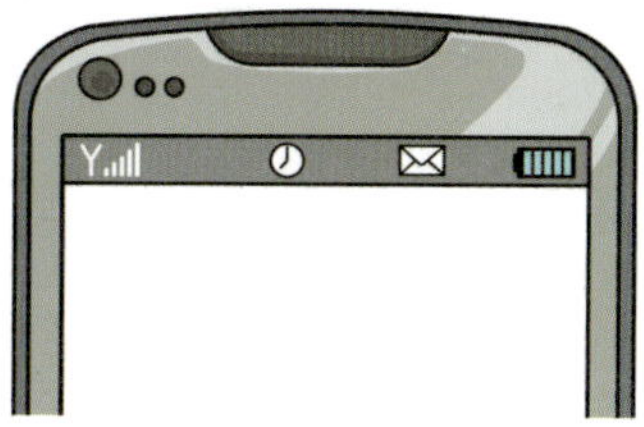

2. 친구의 제안이 마음에 들지 않습니다. 다른 제안을 해 보십시오.

EN You do not like your friend's suggestion. Make a suggestion of yours.. JP 友達の提案が気に入りません。提案してみましょう。
CH 你对朋友的建议不太满意。请提出你的建议。

〈보기〉

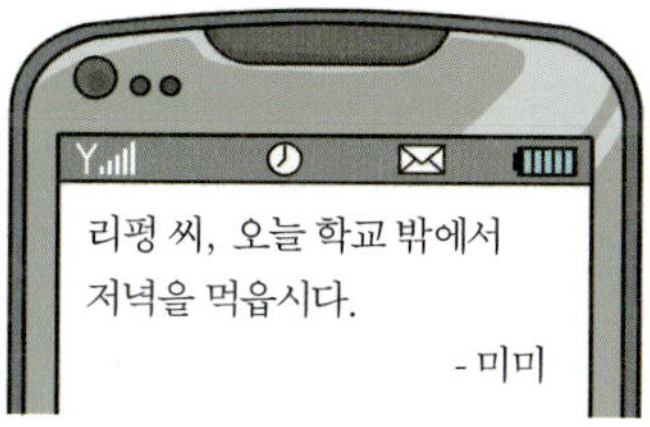

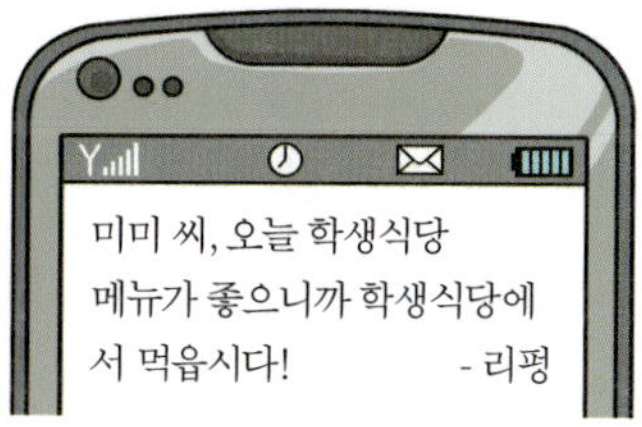

❶

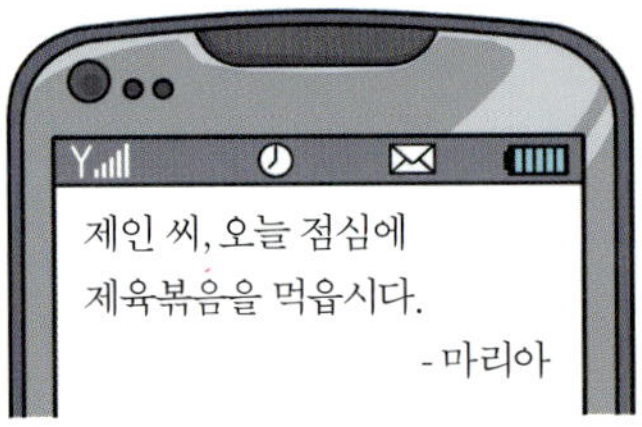

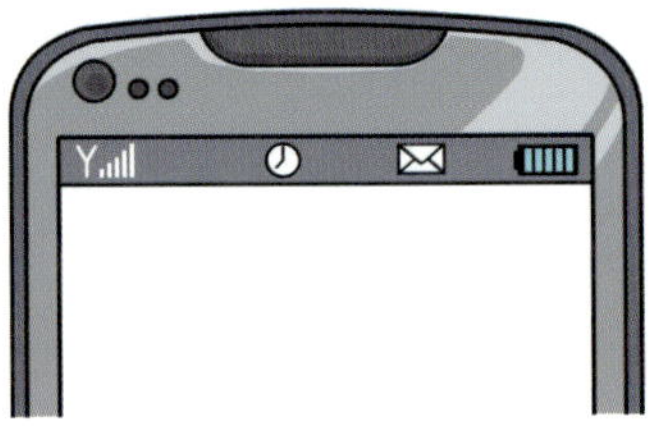

❷

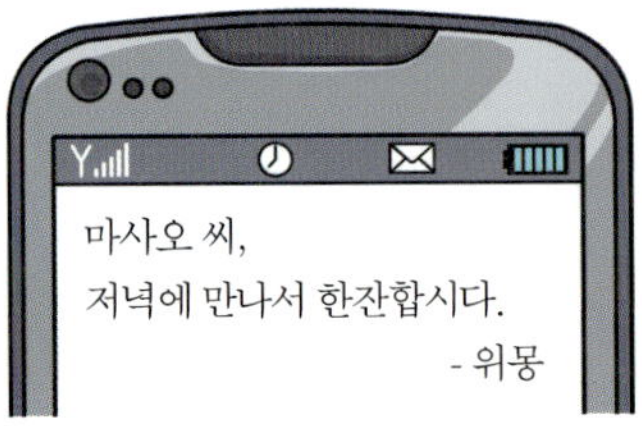

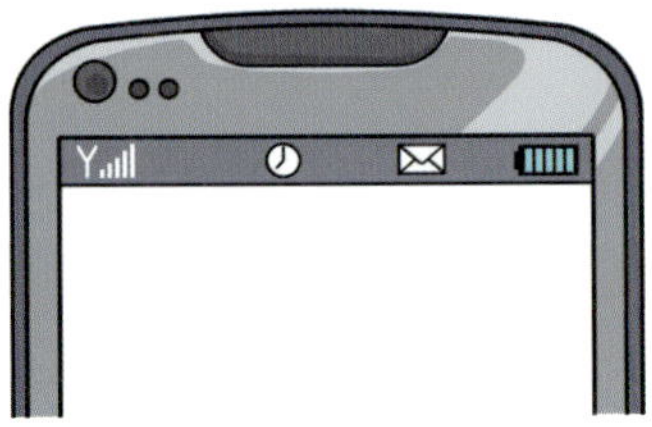

02 〈보기〉와 같이 친구에게 제안을 해 보십시오. 그리고 친구의 제안에 답을 써 봅시다.

EN Make a suggestion to your friend as it is shown in 〈보기〉. Write a reply to your friend's suggestion.
JP 〈例〉と同じように友達に提案してみましょう。そして友達の提案に返事を書いてみましょう。
CH 仿照〈例句〉给朋友提建议。另外对于朋友的建议写一写你的答案。

〈보기〉

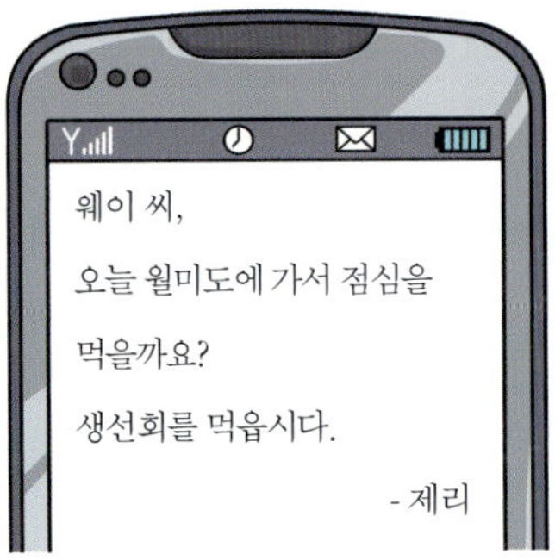

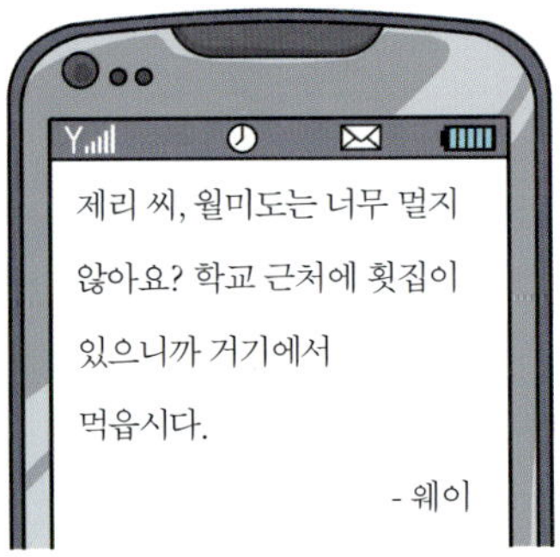

❶

②

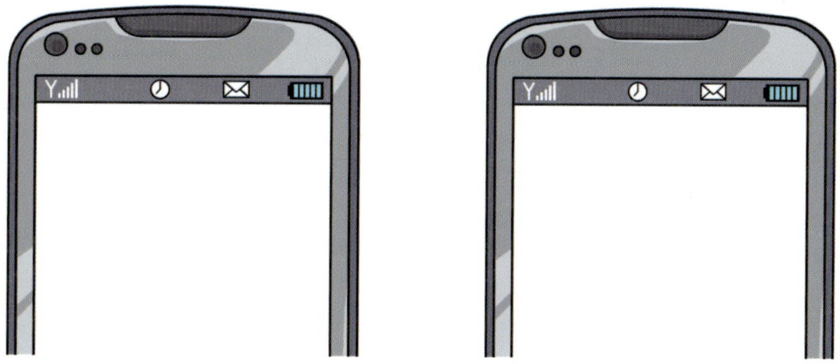

정리해 봅시다

EN Let's review. JP まとめ。 CH 整理一下。

주말에는 보통 어디에서 식사를 합니까? 무엇을 먹습니까? 써 보십시오.

EN Where do you usually have lunch or dinner during weekend? What do you eat? Write about it.
JP 週末は普通どこで食事をしますか？何を食べますか？書いてみてください。 CH 周末一般在哪里吃饭？吃什么？请写一写。

03 엘리베이터 옆에 있는 강의실이에요

학/습/목/표 강의실 위치를 설명하는 글을 쓸 수 있다.

EN Objective To be able to write about the location of a lecture room.
JP 学修目標 講義室の位置を説明する文を書くことが出来る。
CH 学习目标 会写说明教室位置的文章。

준비해 봅시다

EN Let's prepare. JP 準備しましょう。 CH 准备一下。

01 읽고 질문에 답하십시오.

EN Read and answer the question. JP 次の文を読んで質問に答えてください。 CH 读并回答问题。

> 문화센터 옆에 국제관이 있고 그 옆에 스터디센터가 있어요.
> 우리 강의실은 스터디센터 건물 2층에 있어요.
> 엘리베이터 앞에 있는 강의실이에요.
> 우리 강의실은 조금 작은 강의실이에요.

1. 강의실이 어디에 있습니까?

EN Where is the lecture room? JP 講義室はどこにありますか？ CH 教室在什么地方？

☐ 문화센터 ☐ 스터디센터 ☐ 1층
☐ 2층 ☐ 엘리베이터 옆 ☐ 엘리베이터 앞

02 여러분은 보통 어디에서 숙제를 합니까? ☐에 ✓표를 하고 빈 칸을 채워 봅시다.

EN Where do you usually do your homework? Let's mark ✓ and fill in the blanks. JP 皆さんは普段どこで宿題をしますか？
CH 大家一般在哪儿写作业？

☐ 문화센터 ☐ 스터디센터 ☐ 대형강의실 ☐ 강당
☐ 휴게실 ☐ 자료실 ☐ 컴퓨터실 ☐ 강의실
☐ ____________

써 봅시다

EN Let's write. JP 書いてみましょう。 CH 写一写。

01 〈보기〉와 같이 써 봅시다.

EN Let's write as it is shown in 〈보기〉. JP 〈例〉と同じように書いてみましょう。 CH 仿照〈例句〉写一写。

1. 여러분 강의실은 어느 건물에 있습니까? 몇 층에 있습니까?

EN Which building is your lecture room located at? What floor is it on? JP 皆さんの講義室はどの建物にありますか？何階にありますか？
CH 大家的教室在哪个建筑物里？在哪一层？

〈보기〉 문화센터 옆에 국제관이 있고 그 옆에 스터디센터가 있어요. 우리 강의실은 스터디센터 3층에 있어요.

❶ 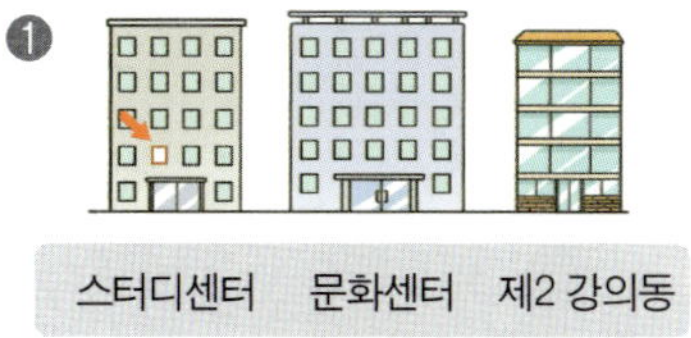

❷ 

2. 강의실이 어디에 있습니까?

EN Where is the lecture room? JP 講義室はどこにありますか？ CH 教室在哪儿？

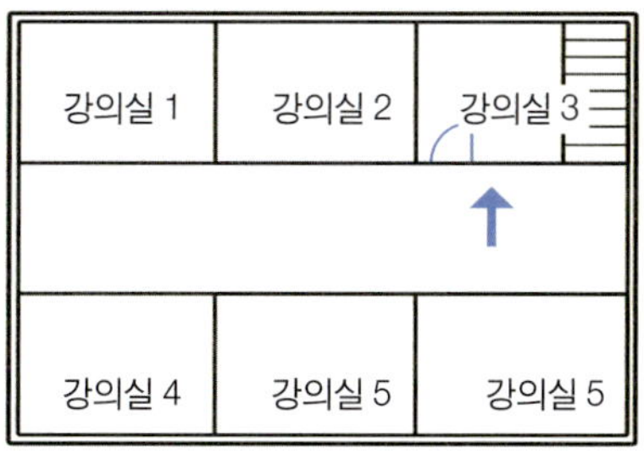

〈보기〉
계단 옆에 있는 강의실이에요.
우리 강의실은 작은 강의실이에요.

❶ 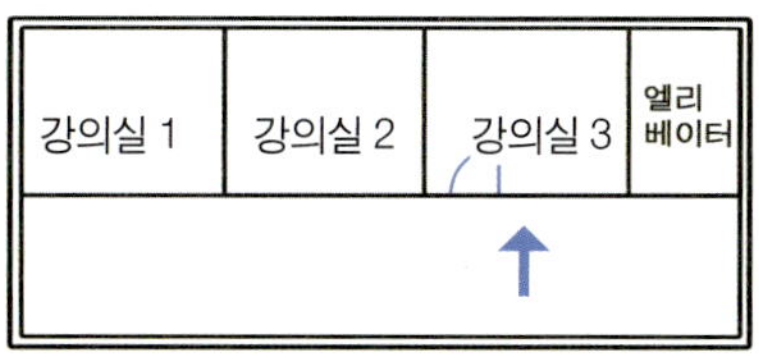

❷

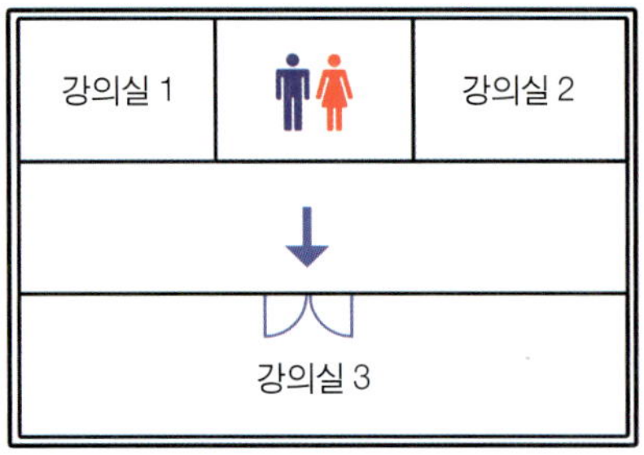

....

....

....

02 여러분 강의실(휴게실, 컴퓨터실)은 어디에 있습니까? 간단히 그림을 그리고 표시한 후 〈보기〉와 같이 써 봅시다.

EN Where is your lecture room(lounge, computer lab)? Let's draw a simple map, and write as it is shown in 〈보기〉.
JP 皆さんの講義室(休憩室、PCルーム)はどこにありますか？簡単な絵を書いて表示した後、〈例〉と同じように書いてみましょう。
CH 大家的教室(休息室, 计算机室)在哪儿？ 简单地画张图, 做标记后, 仿照〈例句〉写一写。

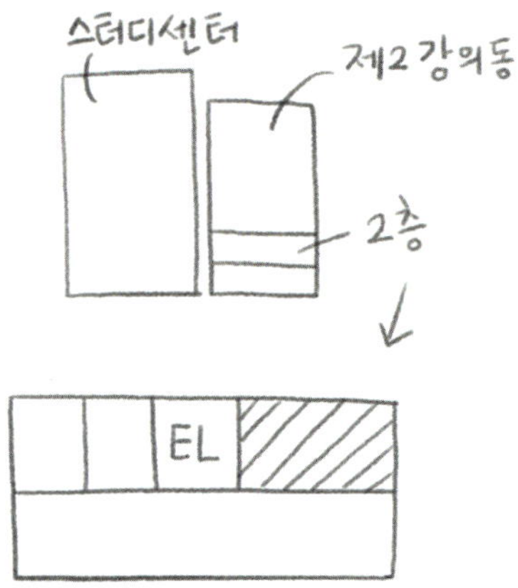

〈보기〉

스터디센터 옆에 제2 강의동이 있어요.
우리 강의실은 제2 강의동 2층에 있어요.
엘리베이터 옆에 있는 강의실이에요.
우리 강의실은 조금 큰 강의실이에요.

❶

....

....

....

....

....

❷

정리해 봅시다

EN Let's review. JP まとめ。 CH 整理一下。

컴퓨터실은 어디에 있습니까? 써 보십시오.

EN Where is the computer lab? Write down. JP パソコン室はどこにありますか？書いてみてください。 CH 计算机室在哪儿？请写一写。

제6과

학교 생활

01 수업이 많지만 힘들지 않아요

02 이번 방학에는 고향에 가지 못해요

03 컴퓨터실이 너무 좁아요

01 수업이 많지만 힘들지 않아요

학/습/목/표 수업에 대해서 쓸 수 있다.

EN Objective To be able to write about a class.
JP 学修目標 授業について書くことが出来る。
CH 学习目标 会写有关上课的事情。

준비해 봅시다

EN Let's prepare. JP 準備しましょう。 CH 准备一下。

01 읽고 관계가 있는 것을 써 봅시다.

EN Let's read and write a related sentence. JP 次の文章を読んで関係のあるものを書いてみましょう。 CH 读并把相关的写出来。

저는 날마다 한국어 수업이 있어요.
수업이 많지만 힘들지 않아요.
우리 선생님 성함은 김미정이에요.
선생님은 한국 사람이지만 중국말을 잘 하세요.
우리 반에는 중국에서 온 학생과 베트남에서 온 학생이 많아요.
우리 교실은 한국어학당 4층에 있어요.
깨끗하고 넓은 교실에서 모두 열심히 공부해요.

- 수업 날마다 있어요./ 많지만 힘들지 않아요.
- 선생님
- 학생들
- 교실

02 <보기>에서 관계가 있는 어휘를 찾아 써 봅시다.

EN Let's write the related vocabulary from <보기>. JP 次の単語の中から関係があるものを探して書いてみましょう。
CH 找出相关的词汇写一写。

보기
가르치다 공부하다 배우다 깨끗하다 넓다 따뜻하다 많다 멋있다 무섭다
밝다 쉽다 시원하다 싫다 어둡다 어렵다 예쁘다 작다 잘생겼다 재미있다
재미없다 적다 좁다 좋다 지루하다 착하다 친절하다 크다 힘들다

어렵다/재미있다/ 숙제가 많다/힘들다			
수업	선생님	학생들	교실

써 봅시다

EN Let's write. JP 書いてみましょう。 CH 写一写。

01 〈보기〉와 같이 써 봅시다.

EN Let's write as it is shown in 〈보기〉. JP 〈例〉と同じように書いてみましょう。 CH 仿照〈例句〉写一写。

1. 수업은 어떻습니까? 선생님은 어떤 분이십니까?

EN How do you like your class? What's your teacher like? JP 授業はどうですか？先生はどんな方ですか？
CH 课怎么样？老师是什么样的人？

한국어 수업/ 재미있다/ 어렵다
수업

예쁘다/ 친절하다
선생님

〈보기〉
저는 날마다 한국어 수업을 들어요.
한국어 수업은 재미있지만 좀 어려워요.
선생님은 예쁘고 친절하세요.

❶
영어 수업/ 숙제가 많다/ 재미있다

한국 사람이다/ 영어를 잘 하다

....

....

....

❷
수학 수업/ 어렵지 않다/ 좀 지루하다

키가 크다/ 좀 무섭다

....

....

....

2. 학생들은 어느 나라에서 왔습니까? 교실은 어디입니까? 어떻습니까?

EN Where are the students from? Where is the classroom? What's the classroom like?
JP 学生たちはどこの国から来ましたか？教室はどこですか？どうですか？ CH 学生们是从哪些国家来的？教室在哪儿？怎么样？

미국 학생이 많다/ 필리핀 학생이 있다 — 학생들

5층 512호/ 작다/ 시원하다 — 교실

〈보기〉
우리반은 미국 학생들이 많아요.
필리핀에서 온 학생들도 있어요.
교실은 5층 512호예요. 작지만 참 시원해요.

❶
싱가포르 학생 5명/ 미얀마 학생 2명/ 독일 학생 3명

3층 315호/ 넓다/ 시원하다

....
....
....

❷
중국 학생 3명/ 베트남 학생 5명/ 한국 학생 5명

4층 401호/ 컴퓨터가 없다/ 큰 텔레비전이 있다

....
....
....

02 수업에 대해서 〈보기〉와 같이 써 봅시다.

EN Let's write about your class as it is shown in 〈보기〉. JP 授業について〈例〉と同じように書いてみましょう。
CH 仿照〈例句〉写一写你的课。

수업	영어 수업/ 화요일, 목요일/ 재미있다/ 숙제가 많다
선생님	캐나다 사람/ 한국말을 잘 하다
학생들	일본 사람(5명)/ 중국 사람(4명)/ 인도네시아 사람(1명)
교실	2층 203호/ 넓다/ 따뜻하다

〈보기〉 저는 화요일하고 목요일에 영어 수업이 있어요. 수업은 재미있지만 숙제가 좀 많아요. 우리 선생님은 캐나다 사람이지만 한국말을 참 잘 하세요. 우리 반에는 일본하고 중국에서 온 학생들이 많아요. 인도네시아에서 온 학생도 있어요. 우리 교실은 2층 203호예요. 넓고 따뜻해요.

❶

수업	수학 수업/ 수요일, 금요일/ 어렵다/ 재미있다
선생님	무섭다/ 잘 가르치다
학생들	인도 사람(9명)/ 미국 사람(2명)
교실	3층 303호/ 밝다/ 깨끗하다

❷

수업	컴퓨터 수업/ 월요일~금요일/ AM 9:00~10:00/ 어렵지 않다/ 좀 지루하다
선생님	한국 사람/ 영어와 일본어를 잘 하다
학생들	한국 사람(10명)/ 미얀마 사람(5명)/ 몽골 사람(5명)/ 일본 사람(2명)
교실	6층 610호/ 넓다/ 새 컴퓨터가 많다

정리해 봅시다

EN Let's review. JP まとめ。 CH 整理一下。

고등학교 때 학교 생활에 대해서 써 보십시오. (수업, 선생님, 친구들 ……)

EN Write about school life when you were a high school student. (Class, teachers, friends……)
JP 高校生の時の学校生活について書いてみてください。(授業、先生、友達……) CH 写一写高中时代的学校生活。(课程,老师,朋友们……)

02 이번 방학에는 고향에 가지 못해요

학/습/목/표 방학 계획에 대해서 쓸 수 있다.

EN Objective To be able to write about plans for vacation.
JP 学修目標 長期休みの計画について書くことが出来る。
CH 学习目标 会写假期计划。

준비해 봅시다

EN Let's prepare. JP 準備しましょう。 CH 准备一下。

01 읽고 질문에 답하십시오.

EN Read and answer the question. JP 次のメモを読んで質問に答えてください。 CH 读并回答问题。

정희 언니에게
언니, 건강하시지요? 저 리리예요. 저는 한국에서 날마다 열심히 공부해요.
아침마다 태권도를 해서 아주 건강해요.
한국 친구들도 많이 사귀었고 이제는 매운 한국 음식도 아주 잘 먹어요.
언니, 곧 방학이에요. 이번 방학에는 영어와 일본어도 배울 거예요.
공부할 것이 많아서 고향에 가지 못하는데 어떻게 하지요?

2012. 11. 11
서울에서 리리

1. 무엇에 대한 이야기입니까? 관계있는 것을 모두 골라 봅시다.

EN What is this letter about? Let's choose all the related answers. JP 何についての話ですか？関係のあるものを全て選んでください。
CH 是关于什么的故事？挑选出所有相关的选项。

☐ 한국 친구　☐ 한국 음식　☐ 한국어 수업　☐ 방학 계획

02 방학에 보통 무엇을 합니까? ☐에 ✓ 표시를 하고 빈 칸을 채워 봅시다.

EN What do you normally do during your vacation? Let's mark ✓ and fill in the blanks.
JP 長期休みにはいつも何をしますか？☐に ✓ をつけて空欄を埋めてみましょう。 CH 放了假一般做什么？在☐划 ✓ 并填空。

☐ 고향에 갑니다.　☐ 아르바이트를 합니다.　☐ 운전을 배웁니다.
☐ 여행을 합니다.　☐ 봉사활동을 합니다.　☐ 외국어를 배웁니다.
☐ ______　☐ ______　☐ ______

써 봅시다

EN Let's write. JP 書いてみましょう。 CH 写一写。

01 〈보기〉와 같이 써 봅시다.

EN Let's write as it is shown in 〈보기〉. JP 〈例〉と同じように書いてみましょう。 CH 仿照〈例句〉写一写。

1. 한국생활에 대해서 〈보기〉와 같이 써 봅시다.

EN Let's write about your life in Korea as it is shown in 〈보기〉. JP 韓国生活について〈例〉と同じように書いてみましょう。
CH 仿照〈例句〉写一写韩国生活。

안부인사	잘 지내시지요?
건강	지난주에 배탈이 났다/ 지금 건강하다
한국생활	한국 친구를 금요일마다 만나다/ 언어교환을 하다

〈보기〉

보고 싶은 부모님께
어머니, 아버지, 저 리에예요. 잘 지내시지요? 저도 한국에서 잘 지내요. 지난주에 배탈이 나서 고생을 했지만 지금은 괜찮아요. 한국 친구도 1명 사귀었어요. 금요일마다 만나서 언어교환을 해요

❶

안부인사	별 일 없지요?
건강	아침마다 수영을 하다/ 건강하다
한국생활	한국 친구를 많이 사귀었다/ 기숙사 음식도 입에 잘 맞다

영수 선배에게

❷

안부인사	내 편지 많이 기다렸지요?
건강	잘 먹고 잘 자다/ 주말마다 등산을 하다/ 건강하다
한국생활	하숙집 친구들이 참 친절하다/ 부산 친구, 제주도 친구, 광주 친구..

보고 싶은 미선 씨에게

2. 방학 계획과 걱정거리에 대해서 〈보기〉와 같이 써 봅시다.

EN Let's write about your vacation plans and worries as it is shown in 〈보기〉.
JP 休暇の計画と心配事について〈例〉と同じように書いてみましょう。 CH 仿照〈例句〉写一写你的放假计划和担心事项。

(○)

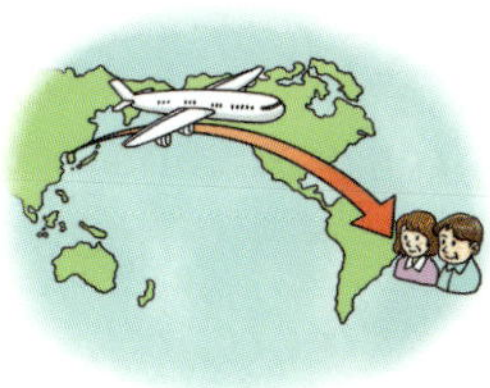
(×)

〈보기〉

다음 주부터 방학이에요. 이번 방학에는 병원에서 봉사활동을 할 거예요. 그래서 이번 방학에는 부모님을 만나러 고향에 가지 못하는데 어떻게 하지요?

❶

(○)

(×)

❷

(○)

(×)

02 한국 생활과 방학 계획에 대해서 간단히 메모한 후 〈보기〉와 같이 편지를 써 봅시다.

EN Let's read the memos about life in Korea and vacation plans, and then write a letter as shown in 〈보기〉.
JP 韓国生活と長期休暇の計画について簡単にメモした後、手紙を書いてみましょう。
CH 简单记录一下韩国生活及假期计划并仿照〈例句〉写一封有关的信。

퓨퓨 ↓ 박선생님	안부인사	그동안 어떻게 지내셨어요?
	건강	가끔 머리가 아프다/ 심하지 않다
	한국생활	기숙사에 외국인들이 많다/ 여러 나라 친구들을 사귀었다/ 외롭지 않다
	방학계획	제주도에 여행을 가다
	문제/ 고민/ 걱정	시험 점수가 나쁘다

〈보기〉 그리운 박 선생님께

선생님, 퓨퓨예요. 그동안 어떻게 지내셨어요? 저는 한국에서 날마다 열심히 공부해요. 가끔 머리도 아프지만 심하지 않으니까 걱정하지 마세요. 기숙사에 외국인들이 많아서 여러 나라 친구들을 사귀었어요. 그래서 외롭지 않아요.

선생님, 다음 달에는 수업이 없어요. 방학이에요. 이번 방학에는 친구들하고 제주도에 여행을 갈 거예요. 그런데 선생님, 저는 요즘 걱정이 하나 있어요. 한국어 시험 점수가 너무 나쁜데 어떻게 하지요?

한국에서 퓨퓨 올림

❶

철수 ⬇ 어머니	안부인사	잘 지내시지요?
	건강	아침마다 운동을 하다/ 아주 건강하다
	한국생활	김치는 먹지 못하다/ 다른 한국 음식들은 입에 잘 맞다/ 살이 좀 쪘다
	방학계획	영어를 배우고 싶다/ 영어 학원에 다니다
	문제/ 고민/ 걱정	학원비가 너무 비싸다/ 돈이 많지 않다

❷

리에 ⬇ 지연	안부인사	별 일 없지요?
	건강	한국에 와서 처음에는 몸이 좀 안 좋았다/ 지금은 괜찮다
	한국생활	한국어 수업이 어렵다/ 매운 음식을 잘 먹지 못하다/ 좀 힘들다
	방학계획	다음 주 부터 방학이다/ 한국어 문법과 어휘를 복습하다
	문제/ 고민/ 걱정	방학이 짧다(1주일)/ 지난 번에 약속한 유럽 여행을 같이 가지 못하다

정리해 봅시다

EN Let's review. JP まとめ。 CH 整理一下。

이번 방학에 하고 싶지만 하기 어려운 일이 있습니까? 써 보십시오.

EN Is there anything that you want to do this vacation but might be difficult to do? Write about it.
JP 今度の休みにしたいけれどすることが難しい事がありますか？書いてみましょう。 CH 你有这个假期你想做但是做起来比较困难的事吗？请写一写。

03 컴퓨터실이 너무 좁아요

학/습/목/표 불편 사항에 대해서 쓸 수 있다.

EN Objective To be able to write about complaints.
JP 学修目標 不便な事について書くことが出来る。
CH 学习目标 会写不方便的相关事项。

준비해 봅시다

EN Let's prepare. JP 準備しましょう。 CH 准备一下。

01 읽고 질문에 답하십시오.

EN Read and answer the question. JP 次のメモを読んで質問に答えてください。 CH 读并回答问题。

안녕하세요? 저는 4층 405호에 사는 마이클입니다. 저는 숙제를 하러 컴퓨터실에 자주 갑니다. 그런데 컴퓨터실이 너무 좁고 컴퓨터도 많지 않아서 매우 불편합니다. 컴퓨터를 사용하고 싶어 하는 학생들이 많아서 저는 항상 1시간쯤 기다립니다. 넓은 컴퓨터실로 좀 바꿔 주시고 컴퓨터도 좀 더 많이 부탁드립니다.

1. 무엇이 불편합니까? 맞는 것에 모두 표시해 봅시다.

EN What are his complaints? Mark all the related answers. JP 何が不便ですか？合っているもの全てに印をつけてみましょう。
CH 有什么不方便的吗？标出所有正确的选项。

☐ 좁다 ☐ 더럽다 ☐ 컴퓨터가 적다 ☐ 숙제를 하지 못하다

02 여러분 기숙사에 있는 편의시설에 ✓ 표시를 하고 빈 칸을 채워 봅시다.

EN Let's mark ✓ beside all the facilities your dormitory has and fill in the blanks.
JP 皆さんの寄宿舎にある施設に ✓ をつけ空欄を埋めてみましょう。 CH 在大家的宿舍便利设施选项上划 ✓ 并填空。

☐ 샤워실	☐ 휴게실	☐ 취사실	☐ 세탁실
☐ 문구점	☐ 컴퓨터실	☐ 체력단련실	☐ 편의점
☐ ______	☐ ______	☐ ______	☐ ______

써 봅시다

EN Let's write. JP 書いてみましょう。 CH 写一写。

01 기숙사의 불편한 점과 요구 사항에 대해서〈보기〉와 같이 써 봅시다.

EN Let's write about dissatisfying conditions in the dormitory and your requirement for the conditions to be corrected as shown in 〈보기〉.
JP 寮の不便なところと要求事項について〈例〉と同じように書いてみましょう。 CH 仿照〈例句〉写一写宿舍的不方便事项及要求事项。

1. 무엇이 불편합니까?

EN What is dissatisfying? JP 何が不便ですか？ CH 有什么不方便的吗？

기숙사 식당

〈보기〉

안녕하세요? 저는 웨이입니다. 기숙사 3층 308호에 살아요. 학생식당이 멀어서 기숙사 식당에 자주 가요. 음식 양이 너무 적고 한국 음식만 있어요. 그리고 저녁 8시에 문을 닫으니까 참 불편합니다.

❶

기숙사 세탁실

....

....

....

....

....

❷

기숙사 취사실

....

....

....

....

....

2. 무엇을 요구하고 싶습니까?

EN What do you want to request? JP 何を要求したいですか？ CH 想要求什么？

기숙사 식당	〈보기〉 밥이나 반찬을 좀 많이 주십시오. 가끔 다른 나라 음식도 만들어 주세요. 참, 저녁 9시까지는 식당 문을 열어 주십시오. 수업이 늦게 끝나는 학생들도 많으니까요. 부탁드립니다.
❶ 기숙사 세탁실	
❷ 기숙사 취사실	

02 기숙사에 불편한 점이 있습니까? 불편한 점에 대해서 〈보기〉와 같이 학교에 이메일을 써 봅시다.

EN Is there something you are dissatisfied with in the dormitory? Let's write an email to school.
JP 寄宿舎に不便な点がありますか？不便な点について〈例〉と同じように学校にEメールを書いてみましょう。
CH 宿舍有不方便的地方吗？仿照〈例句〉给学校写一封邮件，说明不方便的地方。

불편한 점 (기숙사 체력단련실)	
1. 운동기구가 적다	2. 물이 없다

〈보기〉 안녕하세요? 저는 국제학사 617호에 사는 밍밍이에요. 저는 운동을 좋아해서 일주일에 두 번씩 기숙사 지하에 있는 체력단련실에 가요. 그런데 체력단련실에 운동기구가 많지 않아요. 어제는 사람이 많아서 40분을 기다렸어요. 그리고 마실 물도 없어요. 운동기구를 좀 많이 준비해주세요. 물을 자주 마시고 싶으니까 정수기도 부탁드립니다.

❶

불편한 점 (기숙사 휴게실)	
1. 의자가 불편하다	2. TV가 없다

안녕하세요? 저는 ....

....

....

....

❷

불편한 점 (기숙사 공동샤워실)	
1. 샤워기가 적다	2. 샤워기가 자주 고장나다

안녕하세요? 저는

정리해 봅시다

EN Let's review. JP まとめ。 CH 整理一下。

기숙사가 좋습니까? 하숙집이 좋습니까? 무엇이 다릅니까? 무엇이 불편합니까? 써 보십시오.

EN Woud you prefer a dormitory or a boarding house? What's difference between the two? What do you find uncomfortable about each place? Write about it.
JP 寮がいいですか？下宿がいいですか？何が違いますか？何が不便ですか？書いてみてください。
CH 宿舍好吗？还是寄宿房好？哪里不同？ 哪里不方便？ 写一写。

제7과

교통

01 중앙박물관이 어디에 있어요?

02 박물관까지 20분쯤 걸립니다

03 횡단보도를 건너면 약국이 있어요

01 중앙박물관이 어디에 있어요?

학/습/목/표 길을 문의하는 이메일을 쓸 수 있다.

EN Objective To be able to write an email asking for directions.
JP 学修目標 道を尋ねるメールを書くことが出来る。
CH 学习目标 会写问路的邮件。

준비해 봅시다

EN Let's prepare. JP 準備しましょう。 CH 准备一下。

01 읽고 관계있는 것을 연결하십시오.

EN Read and connect the related ones. JP 次の文を読んで関係あるもの同士を繋げてください。 CH 读并把相关的联系。

안녕하세요? 선생님.

(가) 이번 주말에 친구들이랑 국립중앙박물관에 갈 거예요.
중앙박물관이 어디에 있습니까? 학교에서 가깝습니까?

(나) 학교 앞에서 친구들을 만나서 같이 갈 거예요. 박물관까지 무엇을 타고 갑니까?
버스를 타면 시간이 얼마나 걸립니까? 알려 주세요.

(가) •
(나) •

• 박물관 위치
• 박물관까지 걸리는 시간
• 박물관에 가는 방법
• 주말 계획

02 <보기>에서 알맞은 어휘를 찾아 써 봅시다.

EN Let's write the correct vocabulary from <보기>. JP 次の単語の中から適した単語を探して書いてみましょう。
CH 找出合适的词语写一写。

보기 갈아타다 내리다 도착하다 출발하다 타다

( )

( )

( )

( )

( )

써 봅시다

EN Let's write. JP 書いてみましょう。 CH 写一写。

01 〈보기〉와 같이 써 봅시다.

EN Let's write as it is shown in 〈보기〉. JP 〈例〉と同じように書いてみましょう。 CH 仿照〈例句〉写一写。

1. 어디에 있습니까? 가깝습니까?

EN Where is it? Is it close? JP どこにありますか？近くにありますか？ CH 在哪儿？近吗？

〈보기〉
제주도에 가고 싶어요. 제주도가 어디에 있어요?
인천에서 가까워요?

❶

....

....

....

❷

....

....

....

2. 어떻게 갑니까? 얼마나 걸립니까?

EN How can you get there? How long does it take to get there? JP どうやって行きますか？時間はどれぐらい掛かりますか？
CH 怎么去？要多长时间？

〈보기〉
제주도까지 무엇을 타고 갑니까?
비행기를 타면 시간이 얼마나 걸려요?
배를 타면 얼마나 걸려요?

❶

❷

02 무엇을 알고 싶습니까? 〈보기〉와 같이 친구에게 이메일을 써 봅시다.

EN What do you want to know? Let's send an email to friend as it is shown in 〈보기〉.

JP 何を知りたいですか？〈例〉のように友達にメールを書いてみましょう。 CH 你想知道什么？仿照〈例句〉给朋友写邮件。

〈보기〉

메일쓰기

보내기 | 미리보기 | 임시저장

안녕하세요? 영수 씨.
이번 토요일에 부모님과 민속촌에 갈 거예요. 민속촌이 어디에 있어요? 학교에서 멀어요? 우리는 신촌에서 출발할 거예요. 신촌에서 민속촌까지 무엇을 타고 갑니까? 버스를 타면 시간이 얼마나 걸립니까? 알려 주세요.

❶

메일쓰기

보내기 | 미리보기 | 임시저장

❷

메일쓰기

보내기 | 미리보기 | 임시저장

정리해 봅시다

EN Let's review. JP まとめ。 CH 整理一下。

한국에서 어디에 가고 싶습니까? 무엇을 알고 싶습니까?
이메일을 써 보십시오.

EN Where do you want to go in Korea? What do you want to know? Write an email.
JP 韓国でどこに行きたいですか？何を知りたいですか？メールを書いてみてください。 CH 你想去韩国的什么地方？想知道什么？请写一写邮件。

메일쓰기

보내기 | 미리보기 | 임시저장

02 박물관까지 20분쯤 걸립니다

학/습/목/표 목적지에 가는 길과 방법을 설명하는 글을 쓸 수 있다.

EN Objective To be able to write directions.
JP 学修目標 目的地に行く道と方法を説明する文を書くことが出来る。。
CH 学习目标 会写说明到达目的地的路和方法的文章。

준비해 봅시다

EN Let's prepare. JP 準備しましょう。 CH 准备一下。

01 읽고 관계있는 것을 연결하십시오.

EN Read and connect the related ones. JP 次の文を読んで関係あるもの同士を繋げてください。 CH 读并把相关的联系。

안녕하세요? 시오리 씨.

(가) 주말에 친구들과 국립중앙박물관에 가십니까?
국립중앙박물관은 아시아에서 제일 큰 박물관입니다.
주말에는 가족과 함께 오는 사람들이 많을 것 같습니다.

(나) 국립중앙박물관은 학교에서 가깝습니다.
학교 건너편 정류장에서 150번 버스를 타십시오.
박물관까지 20분쯤 걸립니다. 좋은 구경 많이 하고 기념품도 사십시오.

(가) • • 박물관에 가는 방법과 걸리는 시간

(나) • • 박물관 정보

02 〈보기〉에서 알맞은 어휘를 찾아 써 봅시다.

EN Let's write the correct vocabulary from 〈보기〉. JP 次の単語の中から適した単語を探して書いてみましょう。
CH 找出合适的词语写一写。

강남고속버스터미널 김포공항 서울역 인천여객터미널 정류장 캠퍼스타운 지하철역

( )

( )

( )

( )

( )

( )

써 봅시다

EN Let's write. JP 書いてみましょう。 CH 写一写。

01 〈보기〉와 같이 써 봅시다.

EN Let's write as it is shown in 〈보기〉. JP 〈例〉と同じように書いてみましょう。 CH 仿照〈例句〉写一写。

1. 그 곳이 어떻습니까?

EN How is the place? JP そこはどうですか？ CH 那个地方怎么样？

〈보기〉
설악산에 가십니까?
요즘 설악산 경치가 아주 아름답습니다.

❶

❷

2. 어떻게 갑니까? 그리고 거기에서 무엇을 하면 좋습니까?

EN How can you get there? What would be nice to do there? JP どうやって行きますか？それから、そこで何をしたらいいですか？
CH 怎么去？在那儿做什么好呢？

〈보기〉
설악산까지 자동차로 4시간쯤 걸립니다. 김포공항에서 비행기를 타면 40분쯤 걸립니다. 설악산에 가면 바다 구경도 하십시오.

❶

❷

02 친구가 보낸 이메일에 〈보기〉와 같이 답장을 써 봅시다.

EN Let's reply to the email sent by your friend as it is shown in 〈보기〉.
JP 友達が送ってきたメールに〈例〉と同じように返事を書いてみましょう。 CH 仿照〈例句〉给朋友的邮件写回复。

보기

안녕하세요? 제인 씨.
토요일에 부모님을 모시고 민속촌에 가십니까? 토요일에 가면 관광객이 많을 것 같습니다. 평일에 가면 사람들이 많지 않습니다. 신촌에서 민속촌까지 가는 시외버스가 있습니다. 시외버스를 타면 민속촌까지 한 시간쯤 걸립니다. 좋은 구경도 많이 하고 사진도 많이 찍으세요.

❶

받은메일

보내기 | 미리보기 | 임시저장

안녕하세요? 영수 씨.
내일 친구들이랑 야구를 보러 종합운동장에 갈 거예요. 종합운동장이 어디에 있습니까? 학교에서 많이 멉니까? 신촌에서 친구들을 만나서 같이 갈 거예요. 종합운동장까지 무엇을 타고 갑니까? 버스를 타면 시간이 얼마나 걸립니까? 좀 알려 주세요.

마이클.

플레이오프전이어서 아주 재미있다, 잠실에 있다, 조금 멀다,
신촌지하철역 - 2호선, 50분, 근처에 놀이공원이 있다

안녕하세요? ____________ 씨.

❷ 받은메일

보내기 | 미리보기 | 임시저장

안녕하세요? 선생님.
내일 저녁에 친구들과 한강에 유람선을 타러 갈 거예요. 유람선 선착장이 어디에 있습니까? 학교에서 가깝습니까? 신촌에서 친구들을 만나서 같이 갈 거예요. 여의도까지 무엇을 타고 갑니까? 버스를 타면 시간이 얼마나 걸립니까? 좀 알려 주세요.

사에 올림.

저녁에 가면 한강 야경이 아주 아름답다, 여의도에 있다, 멀지않다, 연세대학교 건너편 버스정류장-7613번, 40분, 근처에 63빌딩 수족관이 있다

안녕하세요? ______________ 씨.

정리해 봅시다

EN Let's review. JP まとめ。 CH 整理一下。

여러분의 고향에 오는 친구에게 좋은 곳을 소개하십시오. 어떻게 갑니까? 얼마나 걸립니까? 이메일을 써 보십시오.

EN Introduce a good place to your friend who's visiting your hometown. How can your friend get there? How long does it take to get there? Write an email.
JP 皆さんの故郷に来る友達に良い場所を紹介してください。どうやって行きますか？時間はどれくらいかかりますか？メールを書いてみてください。
CH 给你们从家乡来的朋友介绍一些好地方。怎么去？花多长时间？写一写邮件。

메일쓰기

보내기 | 미리보기 | 임시저장

03 횡단보도를 건너면 약국이 있어요

학/습/목/표 초대하는 글과 오는 길을 설명하는 글을 쓸 수 있다.

EN Objective To be able to write an invitational letter with an explanation of directions.
JP 学修目標 招待する文と行き方を説明する文を書くことができる。
CH 学习目标 会写招待客人及说明来的路的文章。

준비해 봅시다

EN Let's prepare. JP 準備しましょう。 CH 准备一下。

01 읽고 관계있는 것을 연결하십시오.

EN Read and connect the related ones. JP 次の文を読んで関係あるもの同士を繋げてください。 CH 读并把相关的联系。

안녕하세요? 제임스 씨.

(가) 내일 저녁에 우리 집에서 시험공부를 할 거예요. 제임스 씨도 시간이 있으면 오세요. 웨이 씨, 마이클 씨, 리에 씨, 정화 씨도 올 거예요. 제가 요리를 할 거니까 저녁식사 하지 말고 오세요.

(나) 우리 집은 학교 앞 신촌교회 근처에 있어요. 학교 앞 횡단보도를 건너서 쭉 가면 하나교회가 있어요. 거기에서 왼쪽으로 가면 두손약국이 있어요. 약국 건물로 들어가서 2층으로 올라오세요. 약국 위층 3호가 우리 집이에요. 그럼, 토요일에 봐요.

(가) •
(나) •

• 모이는 이유
• 집의 위치와 오는 방법
• 모이는 때
• 오는 사람들

02 〈보기〉에서 알맞은 어휘를 찾아 써 봅시다.

EN Let's write the correct vocabulary from 〈보기〉. JP 次の単語の中から適した単語を探して書いてみましょう。
CH 找出合适的词语写一写。

보기

나오다 내려오다 들어가다 똑바로 가다
오른쪽으로 가다 올라가다 왼쪽으로 가다

( ) ( ) ( ) ( ) ( ) ( ) ( )

써 봅시다

EN Let's write. JP 書いてみましょう。 CH 写一写。

01 〈보기〉와 같이 써 봅시다.

EN Let's write as it is shown in 〈보기〉. JP 〈例〉と同じように書いてみましょう。 CH 仿照〈例句〉写一写。

1. 언제 어디에서 무엇을 할까요?

EN What would you do? When and where would you do it? JP いつ、どこで、何をしますか？ CH 我们什么时候, 在哪儿, 做什么？

〈보기〉
토요일 오후 2시에 집에서 시험공부를 할 거예요. 에리 씨하고 제리 씨도 올 거예요. 시험공부를 할 거니까 술을 가지고 오지 마세요.

❶ 

....

....

....

❷ 

....

....

....

2. 거기에 어떻게 갑니까?

EN How can you get there? JP そこにはどうやって行きますか？ CH 怎么去那儿呢？

〈보기〉
우리 집은 연세대 동문 근처에 있어요. 동문에서 나가서 왼쪽 길로 가면 연세 슈퍼마켓이 있어요. 슈퍼마켓 옆에 있는 2층집이에요. 2층 201호가 우리 집이에요.

❶ 

....

....

....

❷ 

....

....

....

02 〈보기〉와 같이 친구를 초대하고 오는 길을 알려 주는 이메일을 써 봅시다.

EN Let's write an email inviting your friend and giving a direction as it is shown in 〈보기〉.
JP 〈例〉と同じように友達を招待し、行き方を知らせるメールを書いてみましょう。
CH 仿照〈例句〉，写一封招待朋友以及跟朋友说明来的路线的邮件。

보기

안녕하세요? 에리코 씨.
이번 주말에 새 기숙사에서 오픈하우스(기숙사 '구경 오는 날' 행사) 파티를 할 거예요. 에리코 씨도 시간이 있으면 오세요. 기숙사 로비에 맛있는 커피가 있으니까 밖에서 커피를 사지 마세요.
새 기숙사는 북문 근처에 있어요. 문화센터를 나와서 왼쪽으로 쭉 오면 국제관이 있어요. 국제관 뒤에 기숙사가 있어요. 7층으로 올라오세요. 732호가 제 방이에요. 기숙사에서 친구들과 선생님을 만나면 아주 재미있을 것 같아요.

❶ 메일쓰기

보내기 | 미리보기 | 임시저장

❷ 메일쓰기

보내기 | 미리보기 | 임시저장

정리해 봅시다

EN Let's review. JP まとめ。 CH 整理一下。

어떤 모임에 친구를 초대하고 싶습니까? 어디로 초대하겠습니까? 이메일을 써 보십시오.

EN What kind of meeting do you want to invite your friend to? Where and how would you invite your friend? Write an email.
JP どんな集まりに友達を招待したいですか？どこにどうやって招待したいですか？Eメールを書いてみましょう。
CH 你想邀请朋友参加什么聚会?你想在哪儿,怎么招待呢?试着写一写邮件。

메일쓰기

보내기 | 미리보기 | 임시저장

제8과

전화

01 제 전화번호는 010-212-3465예요

02 민우 씨한테서 전화가 왔어요

03 휴대 전화를 찾아주세요

01 제 전화번호는 010-212-3465예요

학/습/목/표 전화번호를 알리는 글을 쓸 수 있다.

EN Objective To be able to write a memo giving one's phone number.
JP 学修目標 電話番号を教える文を書くことが出来る。
CH 学习目标 会写告诉别人电话号码的文章。

준비해 봅시다

EN Let's prepare. JP 準備しましょう。 CH 准备一下。

01 읽고 관계있는 것을 연결해 봅시다.

EN Read and connect the related ones. JP 次の文を読んで関係あるもの同士を繋げてください。 CH 读并把相关的连线。

(가) 선영 씨, 수업이 끝난 후에 뭐 해요? 저는 차이나타운 축제에 가려고 해요. 맛있는 중국음식도 먹을 수 있고 재미있는 구경거리도 많을 것 같아요. 선영 씨도 갈 수 있어요?

(나) 선영 씨를 만나려고 도서관에 왔는데 선영 씨가 없어서 그냥 갑니다. 갈 생각이 있으면 전화해 주세요. 제 휴대 전화 번호는 010-1234-5795예요. 웨이.

(가) • • "같이 놀러 갑시다."

(나) • • "연락 바랍니다."

02 <보기>에서 알맞은 어휘를 찾아 써 봅시다.

EN Let's write the correct vocabulary from <보기>. JP 次の単語の中から適した単語を探して書いてみましょう。 CH 找出合适的词语写一写。

보기: 동창회 반모임 송별회 환영회 회식

(　　　　　)

(　　　　　)

(　　　　　)

(　　　　　)

(　　　　　)

써 봅시다

EN Let's write. JP 書いてみましょう。 CH 写一写。

01 〈보기〉와 같이 써 봅시다.

EN Let's write as it is shown in 〈보기〉. JP 〈例〉と同じように書いてみましょう。 CH 仿照〈例句〉写一写。

1. 오늘 무엇을 할 거예요? 친구에게 계획을 알리는 메모를 남겨 봅시다.

EN What will you do today? Write a memo telling your friend your plans for the day.
JP 今日は何をしますか？友達に計画を知らせるメモを残してみましょう。 CH 今天你要做什么？给朋友写一个留言条，告诉朋友你的计划。

〈보기〉

웨이 씨, 점심을 먹은 후에 뭐 할거예요?
저는 영화를 보러 신촌극장에 가려고 해요.
스트레스도 풀고 한국어 듣기 연습도 할 수 있어서 좋을 것 같아요.
웨이 씨도 갈 수 있어요?

❶

미선 씨, ...

....

....

....

....

❷

알렉스 씨, ...

....

....

....

....

2. 친구를 만나러 왔는데 친구가 없습니다. 용건과 전화번호를 남겨 봅시다.

EN You came to meet a friend, but your friend isn't here. Let's write a note with your telephone number explaining why you came.
JP 友達に会いに来ましたが友達がいません。用件と電話番号と残してみましょう。 CH 你来见朋友但是朋友却不在。留一下你的缘由和电话号码。

〈보기〉

웨이 씨하고 같이 점심을 먹고 싶어서 기숙사에 왔는데 방에 없어서 그냥 갑니다. 영화를 보고 싶으면 같이 갑시다.
2시 30분까지 전화해 주세요.
제 번호는 011-1234-7788이에요.

❶

❷

02 만나고 싶은 사람이 자리에 없습니다. 〈보기〉와 같이 메모를 남겨 봅시다.

EN The person you want to meet isn't here. Let's write a note as shown in 〈보기〉.
JP 会いたい人がいませんでした。〈例〉と同じようにメモを残してみましょう CH 你想见的人现在不在位子上。仿照〈例句〉留纸条。

〈보기〉

선생님, 일이 끝나신 후에 뭐 하세요? 우리 반 친구들이 오늘 저녁에 모여서 식사를 하려고 해요. 학교 앞 한식집에 갈 거예요. 선생님도 오실 수 있지요? 선생님을 뵈러 강사실에 왔는데 선생님께서 안 계셔서 그냥 갑니다. 오실 수 있으면 퇴근하시기 전에 전화해 주세요. 우리 집 전화번호는 02-2323-7812 이에요.

\- 마이클 -

❶

동건 씨,

- 정희 -

❷

박민호 선배님,

- 김철수 -

정리해 봅시다

EN Let's review. JP まとめ。 CH 整理一下。

졸업생 송별회 때문에 친구 집에 전화를 했는데 친구는 전화를 받지 않습니다.
문자 메시지를 남겨 보십시오.

EN You called your friend about a graduation party, but your friend isn't answering the phone. Write a text message explaining why you're calling.
JP 卒業生の送別会の件で友達の家に電話をしましたが電話に出ません。SMSを残してみてください。
CH 因为毕业生欢送会给朋友家打电话, 但是朋友没有接电话。请试着发短信。

02 민우 씨한테서 전화가 왔어요

학/습/목/표 전화 용건을 전하는 글을 쓸 수 있다.

EN Objective To be able to take a message for someone else.
JP 学修目標 電話の用件を伝える文を書くことが出来る。
CH 学习目标 会写转达打电话缘由的文章。

준비해 봅시다

EN Let's prepare. JP 準備しましょう。 CH 准备一下。

01 읽고 관계있는 것을 연결해 봅시다.

EN Read and connect the related ones. JP 次のメモを見て、合うものを線で結んでみましょう。 CH 读并把相关的连线。

지영 씨,

(가) 민우 씨한테서 전화가 왔어요. 오전 10시쯤 한 번, 12시쯤 한 번 왔어요. 숙제 때문에 전화한 것 같았어요. 민우 씨에게 꼭 전화해 주세요.

(나) 저는 지금 영화를 보러 가요. 요즘 연세 극장에서 재미있는 중국 영화를 하고 있어요. 조금 늦을 거예요. 기다리지 말고 먼저 저녁을 드세요.

리에.

(가) • • "어디 가세요?"

(나) • • "누가 전화했어요?"

02 〈보기〉에서 알맞은 어휘를 찾아 써 봅시다.

EN Let's write down the related vocabulary from 〈보기〉. JP 次の単語の中から適した単語を探して書いてみましょう。
CH 找出合适的词语写一写。

보기

세일을 하다	영화를 하다	음악회를 하다
축구 경기를 하다	축제를 하다	특별 전시회를 하다

(　　　　　　　　)

(　　　　　　　　)

(　　　　　　　　)

(　　　　　　　　)

(　　　　　　　　)

(　　　　　　　　)

써 봅시다

EN Let's write. JP 書いてみましょう。 CH 写一写。

01 〈보기〉와 같이 써 봅시다.

EN Let's write as it is shown in 〈보기〉. JP 〈例〉と同じように書いてみましょう。 CH 仿照〈例句〉写一写。

1. 누가, 언제, 왜 친구에게 전화를 했습니까? 기숙사 친구에게 메모를 남겨 봅시다.

EN Who called? When and why did he/she call you friend? Write a memo for your friend.
JP 誰が、いつ、なぜ友達に電話をしましたか？寮の友達にメモを残してみましょう。 CH 谁, 什么时候, 为什么给朋友打电话了？试着给舍友写留言条。

〈보기〉

정희 씨, 조금 전에 철수 씨한테서 전화가 왔어요.
시험 때문에 전화한 것 같아요. 철수 씨에게 꼭 전화해 주세요.

❶

민철 씨, ...

❷

....

2. 지금 어디에 갑니까? 거기에서 무엇을 하고 있습니까? 메모를 남겨 봅시다.

EN Where are you going now? What are you doing there? Let's write a memo for your friend.
JP 今からどこに行きますか？そこで何をしていますか？メモを残してみましょう。 CH 现在去哪儿？在那儿有什么活动？请写纸条。

〈보기〉

저는 지금 백화점에 가요.
요즘 백화점에서 세일을 하고 있어요.
6시까지 돌아올게요. 같이 저녁을 먹읍시다. - 리리 -

❶

.... -웨이-

❷

.... -마리아-

02 찾는 사람이 자리에 없는데 전화가 왔습니다. 〈보기〉와 같이 메모를 남겨 봅시다.

EN Someone called, but the person they are looking for isn't here. Let's write a memo as it is shown in 〈보기〉.
JP 探している人がいない時に電話が来ました。〈例〉と同じようにメモを残してみましょう。
CH 要找的人不在位置上但是来电话了。仿照〈例句〉留纸条。

〈보기〉

유진 씨, 선생님한테서 전화가 왔어요. 1시간 전쯤 왔어요. 내일 리리 씨 송별회 때문에 전화하신 것 같았어요. 선생님께 꼭 전화해 드리세요.
저는 지금 '서울시청 앞 광장'에 가요. 서울시에서 요즘 점심 시간마다 거기에서 음악회를 하고 있어요. 6시까지 갈게요. 늦으면 유진 씨 먼저 '준비 모임'에 가세요.

\- 수잔 -

❶

어머니,

....

....

....

....

\- 민호 -

❷

마리아 씨,

....

....

....

....

\- 밍밍 -

정리해 봅시다

EN Let's review. JP まとめ。 CH 整理一下。

방 친구의 고향집에서 전화가 왔습니다. 동아리 모임이 있어서 나가려고 합니다.
친구에게 어떻게 메모를 남기겠습니까? 써 보십시오.

EN Someone from your roommate's home called, but you were about to leave the room to go to a club meeting. What kind of memo should you leave for your friend? Write a memo for your friend.

JP ルームメートの実家から電話がありました。サークルの集まりがあって出かけるところです。ルームメートにどのようにメモを残しますか？書いてみてください。

CH 从朋友的家乡来电话了。你因为有社团聚会打算出去。应该怎样给朋友留纸条呢？试着写一写。

03 휴대 전화를 찾아주세요

학/습/목/표 분실된 전화를 찾는 글을 쓸 수 있다.

EN Objective To be able to write an advertisement looking for lost cellular phone.
JP 学修目標 失くした電話を探す文を書くことが出来る。
CH 学习目标 会写找丢失的手机的文章。

준비해 봅시다

EN Let's prepare. JP 準備しましょう。 CH 准备一下。

01 읽고 관계있는 것을 연결해 봅시다.

EN Let's read and connect the related ones. JP 次の文章を読んで合うものを線で結んでみましょう。 CH 读并把相关的连线。

게시판

(가) 휴대 전화를 찾습니다. 연세 전자에서 만든 빨간색 휴대 전화입니다. 전화기 앞면에 스티커 사진이 있습니다. 그리고 휴대 전화에 토끼인형이 달려 있습니다.[1]

(나) 6월 5일 금요일 2시쯤 기숙사 휴게실에서 잃어버린 것 같습니다. 그 휴대 전화는 부모님한테서 선물 받은 것입니다. 보시면 기숙사 관리실에 맡겨[2] 주십시오.

(가) •	• "전화기를 찾으면 어디로 연락할까요?"
(나) •	• "전화기가 어떻게 생겼습니까?"

02 〈보기〉에서 알맞은 어휘를 찾아 써 봅시다.

EN Let's write the related vocabulary from 〈보기〉. JP 次の単語の中から適した単語を探して書いてみましょう。
CH 找出合适的词语写一写。

보기 경비실 과사무실 관리실 분실물센터 안내

( )

( )

( )

( )

( )

1) 달려 있다 挂着 2) 맡기다 存放

써 봅시다

EN Let's write. JP 書いてみましょう。 CH 写一写。

01 〈보기〉와 같이 써 봅시다.

EN Let's write as it is shown in 〈보기〉. JP 〈例〉と同じように書いてみましょう。 CH 仿照〈例句〉写一写。

1. 잃어버린 휴대 전화가 어떻게 생겼습니까?

EN What does your lost cellular phone look like? JP 失くした携帯電話はどんなものですか？ CH 你丢的手机是什么样子的？

한국전자/ 까만색/ 이름(뒷면)

〈보기〉

전화를 찾아 주세요!
한국전자에서 만든 까만색 휴대 전화입니다.
전화기 뒷면에 이름이 있습니다.
이름은 '오영수'입니다.

❶

연세전자/ 흰색/ 교통카드

❷

서울전자/ 은색/ 유에스비(USB)

2. 휴대 전화를 언제 어디에서 잃어버렸습니까? 찾으면 어떻게 할까요?

EN When and where did you lose your cell phone? If someone finds it what should they do?
JP 携帯電話をいつ、どこで失くしましたか？見つけたらどうしますか？ CH 手机在什么时候, 什么地方丢的？找到的话要怎么办呢？

〈보기〉
월요일 오전에 한국어 수업 강의실에서 잃어버린 것 같습니다. 아버지께서 졸업선물로 주신 겁니다. 보시면 경영학과 과사무실에 맡겨주십시오.

❶

❷

02 전화기를 잃어버렸습니다. 전화기를 찾는 글을 〈보기〉와 같이 써 봅시다.

EN You lost your phone. Let's write an advertisement looking for your phone as shown in 〈보기〉.
JP 電話機を失くしてしまいました。探しているという文を〈例〉と同じように書いてみましょう。 CH 手机丢了。仿照〈例句〉写一篇找手机的文章。

〈보기〉
휴대 전화를 찾습니다. 연두색이고 전화기 뒤 에 스티커 사진이 있습니다. 휴대 전화에 사물함 열쇠도 달려 있습니다.
그 휴대 전화는 아버지한테서 대학교 입학 선물로 받은 것입니다. 지난주 금요일 점심시간에 한국어학당 식당에서 잃어 버린 것 같습니다. 보시면 한국어학당 사무실에 맡겨 주십시오.

❶

❷

정리해 봅시다

EN Let's review. JP まとめ。 CH 整理一下。

여러분의 휴대 전화는 어떻게 생겼습니까? 써 보십시오.

EN What does your cellular phone looke like? Write a description of your phone.
JP 皆さんの携帯電話はどんな携帯電話ですか？書いてみましょう。 CH 大家的手机是什么样子的？写一写。

제9과

날씨와 계절

01 오후에는 눈이 왔습니다

02 서울은 선선했는데 홍콩은 더워요

03 산이나 공원으로 꽃구경을 갑니다

01 오후에는 눈이 왔습니다

학/습/목/표 날씨를 설명하는 글을 쓸 수 있다.

EN Objective To be able to write a description of the weather.
JP 学修目標 天気を説明する文を書くことが出来る。
CH 学习目标 会写说明天气的文章。

준비해 봅시다

EN Let's prepare. JP 準備しましょう。 CH 准备一下。

01 읽고 관계있는 것을 연결해 봅시다.

EN Let's read and connect the related ones. JP 次の文を読んで関係あるもの同士を線で結んでください。 CH 读并把相关的联系。

12월 22일

(가) 토요일에 친구들과 같이 남이섬에 갔습니다. 오전에 날씨가 흐렸는데 오후에는 눈이 왔습니다. 나무 위에 하얀 눈이 쌓였습니다. 참 아름다웠습니다.

(나) 남이섬에는 외국인 관광객이 많았습니다. 사람들은 연예인 사진 옆에서 사진을 찍었습니다. 우리도 사진을 많이 찍었습니다.

(가) •   • 여행지 날씨

(나) •   • 여행지에서 한 일

02 〈보기〉에서 알맞은 어휘를 찾아 써 봅시다.

EN Let's write the correct vocabulary from 〈보기〉. JP 次の単語の中から適した単語を探して書いてみましょう。
CH 找出合适的词语写一写。

보기 개다 맑다 바람이 불다 비가 그치다 비가 오다 안개가 끼다 흐리다

월 화 수 목 금 토 일

( ) ( ) ( ) ( ) ( ) ( ) ( )

써 봅시다

EN Let's write. JP 書いてみましょう。 CH 写一写。

01 〈보기〉와 같이 써 봅시다.

EN Let's write as it is shown in 〈보기〉. JP 〈例〉と同じように書いてみましょう。 CH 仿照〈例句〉写一写。

1. 일요일에 어디에 갔습니까? 날씨가 어땠습니까? 경치가 어땠습니까?

EN Where did you go on Sunday? How was the weather? How was the scenery?
JP 日曜日はどこに行きましたか？天気はどうでしたか？景色はどうでしたか？ CH 周日去哪儿了？天气怎么样？景色怎么样？

인사동, 맑음

〈보기〉

일요일 밤에 인사동에 갔어요. 날씨가 아주 맑았어요.
가게마다 불빛이 예뻤어요. 인사동 밤풍경이 참 아름다웠습니다.

❶

남산, 흐림

❷

설악산, 비 온 후 갬

2. 어떤 곳입니까? 거기에서 무엇을 했습니까?

EN How is the place? What did you do there? JP どんな所ですか？そこで何をしましたか？ CH 是个什么样的地方？在那儿干什么了？

관광객 / 도자기가게
인사동
한식집, 찻집 / 쇼핑

〈보기〉

인사동에는 관광객이 많았습니다. 도자기 가게하고 한식집,
찻집도 많았습니다. 인사동에서 쇼핑을 조금 했습니다.

❶

커플 / 산책하다
남산
케이블카 / 분위기

❷

등산객 케이블카

설악산

절 사진

....

....

....

02 어디에 갔습니까? 날씨가 어땠습니까? 경치가 어땠습니까? 무엇을 했습니까? 〈보기〉와 같이 이야기를 만들어 봅시다.

EN Where did you go? How was the weather? How was the scenery? What did you do? Let's make a story as it is shown in 〈보기〉.

JP どこに行きましたか？天気はどうでしたか？景色はどうでしたか？何をしましたか？〈例〉と同じように話を作ってみましょう。

CH 去哪儿了？天气怎么样？景色怎么样？做什么了？仿照〈例句〉编故事。

장소 : 부산 광안리해수욕장

날씨 : 맑음

경치 : 아름답다

한 일 : 산책, 생선 회, 사진

〈보기〉

주말에 친구와 함께 부산에 갔습니다.
경치가 아름다웠습니다. 12시쯤 부산에 도착했습니다.
부산 날씨는 맑았습니다.
광안리 해수욕장에 가서 산책도 하고 생선회도 먹었습니다. 생선회가 참 맛있었습니다. 밤에 본 광안대교도 참 아름다웠습니다.
광안리 바닷가에서 사진을 많이 찍었습니다.

❶

장소 :

날씨 :

경치 :

한 일 :

....

....

....

....

....

❷

장소 :

날씨 :

경치 :

한 일 :

....

....

....

....

....

정리해 봅시다

EN Let's review. JP まとめ。 CH 整理一下。

고향에서 어디에 갔습니까? 날씨가 어땠습니까? 어떤 곳입니까? 써 보십시오.

EN Where did you go in your hometown? How was the weather? How is the place? Write down.
JP 故郷のどこに行きましたか？天気はどうでしたか？どんな所ですか？書いてみてください。
CH 去你们家乡的什么地方了？天气怎么样？是个什么样的地方？请写一写。

02 서울은 선선했는데 홍콩은 더워요

학/습/목/표 날씨를 비교하는 글을 쓸 수 있다.

EN Objective To be able to write a comparison of the weather.
JP 学修目標 天気を比較する文を書くことが出来る。
CH 学习目标 会写比较天气的文章。

준비해 봅시다

EN Let's prepare. JP 準備しましょう。 CH 准备一下。

01 읽고 관계있는 것을 연결해 봅시다.

EN Let's read and connect the related ones. JP 次の文を読んで関係あるもの同士を線で結んでください。 CH 读并把相关的联系。

선생님, 안녕하세요? 저 비비안이에요.

(가) 그저께 홍콩에 도착했어요. 서울은 선선했는데 홍콩은 더워요. 서울에는 가끔 비가 왔는데 홍콩에는 자주 비가 와요. 우산이 없으면 안 돼요.

(나) 홍콩은 쇼핑과 야경이 유명해요. 어제는 오랜만에 비올라 씨를 만났어요. 비올라 씨가 안내해 줘서 쇼핑도 하고 여기저기 구경을 많이 할 수 있었어요. 바다 위로 가는 케이블카는 무섭지만 정말 재미있어요. 서울에 가면 사진을 보여 드릴게요.

(가) • • 여행지 날씨와 서울 날씨 비교

(나) • • 여행지에서 한 일

02 〈보기〉에서 알맞은 어휘를 찾아 써 봅시다.

EN Let's write the related vocabulary from 〈보기〉. JP 次の単語の中から適した単語を探して書いてみましょう。
CH 找出合适的词语写一写。

보기

기온이 높다/ 낮다	눈이 오다	덥다	따뜻하다	바람이 불다
비가 오다	선선하다	시원하다	쌀쌀하다	춥다

상하이	도쿄	시드니	뉴욕	런던	파리

27/33°C	14/22°C	17/21°C	19/26°C	2/10°C	-5/3°C
(　　　)	(　　　)	(　　　)	(　　　)	(　　　)	(　　　)

써 봅시다

EN Let's write. JP 書いてみましょう。 CH 写一写。

01 〈보기〉와 같이 써 봅시다.

EN Write as it is shown in 〈보기〉. JP 〈例〉と同じように書いてみましょう。 CH 仿照〈例句〉写一写。

1. 어디에 갔습니까? 날씨가 어땠습니까? 무엇이 필요합니까?

EN Where did you go? How was the weather? What do you need? JP どこに行きましたか？天気はどうでしたか？何が必要ですか？
CH 去哪儿了？天气怎么样？需要些什么？

서울

제주도

〈보기〉
어제 제주도에 왔어요. 서울은 비가 왔는데 제주도는 바람이 많이 불어요. 여기에서는 긴팔 옷이 없으면 안 돼요.

❶

인천

모스크바

❷

부산

런던

2. 어떤 곳입니까? 거기에서 뭘 했습니까?

EN What's the place like? What did you do there? JP どんな所ですか？そこで何をしましたか？
CH 是个什么样的地方？在那儿做什么了？

제주도 - 흑돼지
고깃집이 많다 - 맛있는 흑돼지 구이를 먹다, 올레길을 걷다
올레길- 아름답다

〈보기〉
제주도는 흑돼지가 유명합니다. 고깃집이 많이 있었습니다. 고깃집에서 맛있는 흑돼지 구이를 먹고 올레길을 걸었습니다. 올레길이 정말 아름다웠습니다.

❶ 모스크바 - 아름다운 건축물
아름답고 멋있는 건물이 많다 - 많이 걷다, 구경을 많이 하다
시내 여기저기 - 문화와 예술을 느끼다

❷ 런던 - 재즈클럽, 빨간색 이층버스
멋있는 건물과 재즈클럽이 많다 - 빨간색 이층버스를 타고 클럽에 가다, 좋은 음악을 많이 듣다
거리 - 낭만적이다

02 〈보기〉와 같이 여행지에서 선생님께 편지를 써 봅시다.

EN Let's write an email to your teacher from where you are traveling as it is shown in 〈보기〉.
JP 〈例〉と同じように旅行地から先生に手紙を書いてみましょう。 CH 仿照〈例句〉在旅行地给老师写一封信。

간 곳 : 제주도

날씨 : 바람

한 일 : 회를 먹다/ 올레길을 걷다

필요한 것 : 긴팔 옷

〈보기〉

안녕하세요? 선생님.
저 페루자예요. 어제 제주도에 도착했어요. 서울은 선선한데 제주도는 바람이 많이 불어요. 그래서 긴팔 옷이 없으면 안 돼요.
제주도에는 생선회가 유명해요. 여기저기 횟집이 많이 있어요. 오늘 횟집에서 맛있는 회를 먹었어요. 고등어회와 갈치회를 먹었어요. 회를 먹고 올레길을 걸었어요. 올레길이 너무 아름다웠어요. 여기 사진을 보내드릴게요.

❶

간 곳 : ______

날씨 : ______

한 일 : ______

필요한 것 : ______

안녕하세요? 선생님.

❷

간 곳: ______

날씨: ______

한 일: ______

필요한 것: ______

안녕하세요? 선생님.

정리해 봅시다

EN Let's review. JP まとめ。 CH 整理一下。

고향 날씨와 한국 날씨는 어떻게 다릅니까?

EN How is the weather different from Korea to your hometown? JP 故郷の天気と韓国の天気はどう違いますか？
CH 你们家乡的天气和韩国天气有哪些不同？

03 산이나 공원으로 꽃구경을 갑니다

학/습/목/표 계절 활동을 설명하는 글을 쓸 수 있다.

EN Objective To be able to write about seasonal activities.
JP 学修目標 季節ごとの活動を説明する文を書くことが出来る。
CH 学习目标 会写说明与季节相关的活动的文章。

준비해 봅시다

EN Let's prepare. JP 準備しましょう。 CH 准备一下。

01 읽고 관계있는 것을 연결해 봅시다.

EN Let's read and connect the related ones. JP 次の文を読んで関係あるもの同士を線で結んでください。 CH 读并把相关的联系。

(가) 한국의 봄은 3월, 4월, 5월입니다. 보통 날씨가 따뜻합니다. 가끔 바람이 불 때도 있습니다. 봄에는 여러 가지 꽃이 핍니다. 그래서 사람들은 산이나 공원으로 꽃구경을 갑니다.

(나) 저는 꽃이 피는 봄을 좋아합니다. 개나리, 진달래는 한국의 봄꽃입니다. 목련과 벚꽃도 핍니다. 바람이 불면 꽃잎이 눈처럼 떨어져서 아름답습니다. 꽃나무 아래에서 사진을 찍으면 참 예쁩니다.

(가) • • 내가 좋아하는 계절과 풍경

(나) • • 봄 날씨와 활동

02 〈보기〉에서 알맞은 어휘를 찾아 써 봅시다.

EN Let's write the correct vocabulary from 〈보기〉. JP 次の単語の中から適した単語を探して書いてみましょう。
CH 找出合适的词语写一写。

보기

꽃구경을 가다
눈사람을 만들다
눈싸움을 하다
단풍구경을 가다
독서하다
소풍을 가다
스키를 타다
야영을 하다
해수욕을 하다

써 봅시다

EN Let's write. JP 書いてみましょう。 CH 写一写。

01 〈보기〉와 같이 써 봅시다.

EN Let's write as it is shown in 〈보기〉. JP 〈例〉と同じように書いてみましょう。 CH 仿照〈例句〉写一写。

1. 한국의 계절에 맞는 날씨와 계절 활동을 소개해 봅시다.

EN Let's introduce the weather and seasonal activities for each season in Korea.
JP 韓国の季節に合う天気とその季節に行う活動を紹介してみましょう。 CH 介绍一下和韩国符合韩国四季的天气及相关的活动。

날씨: 무덥다/ 비가 자주 오다
활동: 바다에 가다/ 산에 가다

〈보기〉
한국의 여름은 6월, 7월, 8월입니다.
보통 날씨가 무덥고 비가 자주 옵니다.
여름에 사람들은 바다에 가서 해수욕을 합니다.

❶ 

날씨: 날씨가 맑다/ 선선하다
활동: 독서, 등산을 하다/ 단풍 구경을 하다

....

....

....

❷ 

날씨: 춥다/ 눈이 많이 오다
활동: 스노보드, 스케이트를 타다

....

....

....

2. 그림을 보고 좋아하는 계절 이야기를 만들어 봅시다.

EN Let's make a story about your favorite season after looking at drawings.
JP 絵を見て好きな季節の話を作ってみましょう。 CH 看图并编一编自己喜欢的季节故事。

방학이 있다, 수영을 하다, 빗소리를 들으면 기분이 좋다

〈보기〉
저는 여름을 좋아합니다.
방학이 있고 수영을 할 수 있어서
여름을 좋아합니다.
그리고 여름에 비가 올 때 빗소리를
들으면 기분이 좋습니다.

❶

햇볕이 따뜻하고 하늘이 깨끗하다, 책 읽기에 좋다

❷

겨울 방학을 하다, 따뜻한 방에서 군고구마를 먹다,
겨울 바다를 보다

02 어느 계절에 어떤 활동을 합니까? 어느 계절을 좋아합니까? 〈보기〉와 같이 이야기를 만들어 봅시다.

EN What activity do you do on what season? What is your favorite season? Let's make a story as it is shown in 〈보기〉.
JP どの季節にどんなことをしますか？どの季節が好きですか？〈例〉のように話を作ってみましょう。
CH 在哪个季节有什么样的活动？你喜欢哪个季节？仿照〈例句〉编故事。

보기
한국의 여름은 6월, 7월, 8월입니다. 한국의 여름은 무덥습니다. 장마철이 있어서 비가 많이 옵니다. 여름에는 여름 방학과 여름 휴가가 있습니다. 그래서 7월과 8월에는 산과 바다에 사람들이 많습니다.
저는 여름을 좋아합니다. 넓은 바다에서 수영을 할 수 있기 때문에 좋아합니다. 그리고 저는 빗소리를 좋아합니다. 방안에 앉아서 빗소리를 들으면 기분이 참 좋습니다.

❶

_______ 의 _______ 은/는 _______________ 월입니다.

❷ ______ 의 ______ 은/는 ______________ 월입니다.

정리해 봅시다

EN Let's review. JP まとめ。 CH 整理一下。

여러분 나라에는 무슨 계절이 있습니까? 그때 무엇을 합니까? 써 보십시오.

EN What kind of seasons are there in your country? What do you do during the season? Write it down.
JP 皆さんの国にはどんな季節がありますか？ その季節に何をしますか？ 書いてみてください。 CH 大家的家乡有什么季节？那时候做什么？请写一写。

제10과

음식

01 맵지만 건강에 좋은 음식이에요
02 한국 만두를 먹어 본 적이 있어요
03 그릇을 손에 들고 먹으면 안 됩니다

01 맵지만 건강에 좋은 음식이에요

학/습/목/표 음식을 소개하는 글을 쓸 수 있다.

EN Objective To be able to write an introduction to present a dish.
JP 学修目標 食べ物を紹介する文を書くことが出来る。
CH 学习目标 会写介绍食物的文章。

준비해 봅시다

EN Let's prepare. JP 準備しましょう。 CH 准备一下。

01 읽고 관계있는 것을 연결해 봅시다.

EN Let's read and connect the related ones. JP 次の文章を読んで合うものを線で結んでみましょう。 CH 读并把相关的连线。

(가) 비빔밥을 먹어 봤습니까? 비빔밥은 한국 음식인데 여러 가지 야채와 고기로 만듭니다. 큰 그릇에 밥을 담고 그 위에 야채와 고기를 놓습니다. 조금 맵지만 색깔도 예쁘고 건강에도 좋은 음식이에요.

(나) 비빔밥은 먹기 전에 참기름과 고추장을 한 숟가락씩 넣습니다. 그리고 젓가락으로 비빈 후에 숟가락으로 먹습니다. 물김치나 장국[1)]을 함께 먹으면 더 맛있습니다.

(가) • • 비빔밥을 먹는 방법

(나) • • 비빔밥 소개

02 <보기>에서 알맞은 어휘를 찾아 써 봅시다.

EN Let's write the related vocabulary from <보기>. JP 次の単語の中から適した単語を探して書いてみましょう。
CH 找出相关的词汇写一写。

보기: 넣다 말다 비비다 뿌리다 싸다 자르다 찍다

( )

( )

( )

( )

( )

( )

( )

1) 장국 酱汤

써 봅시다

EN Let's write. JP 書いてみましょう。 CH 写一写。

01 〈보기〉와 같이 써 봅시다.

EN Let's write as it is shown in 〈보기〉. JP 〈例〉と同じように書いてみましょう。 CH 仿照〈例句〉写一写。

1. 어떤 음식입니까?

EN What kind of food is it? JP どんな食べ物ですか？ CH 是什么样的食物？

설렁탕	한국 쇠고기 맵지 않다 건강에 좋다	〈보기〉 설렁탕을 드셔 보셨습니까? 설렁탕은 한국음식인데 쇠고기를 넣어서 만들어요. 맵지 않고 건강에 아주 좋은 음식이에요.

❶

돈가스	일본 돼지고기 달다/ 맵지 않다 아이들이 좋아하다	

❷

베이징덕	중국 오리고기 맵지 않다/ 짜지 않다 세계적으로 유명하다	

2. 이 음식들은 어떻게 먹습니까? 무엇과 같이 먹으면 좋습니까?

EN How do you eat this food? What do you eat it with? JP この食べ物はどうやって食べますか？何と一緒に食べるといいですか？
CH 这些食物怎么吃？和什么一起吃会更好？

〈보기〉
설렁탕을 먹기 전에 소금과 파와 후추를 넣습니다.
그리고 밥을 말아요. 깍두기와 같이 먹으면 정말 맛있어요.

❶

❷

2) 밀전병 烙饼

02 소개하고 싶은 맛있는 음식을 〈보기〉와 같이 써 봅시다.

EN Let's write about a delicious dish that you'd like to introduce as it is shown in 〈보기〉.
JP 紹介したい美味しい食べ物を〈例〉と同じように書いてみましょう。 CH 仿照〈例句〉写一写你想介绍的, 好吃的食物。

이름	떡볶이
국적	한국
재료	떡/ 채소/ 고추장
맛	맵다
먹는 방법	젓가락/ 포크 사용
함께 먹는 음식	어묵/ 만두/ 튀김

〈보기〉

떡볶이를 먹어 봤어요? 떡볶이는 한국음식인데 떡과 채소로 만듭니다. 고추장을 넣어서 맵지만 아주 맛있어요. 젓가락이나 포크로 먹는데 매우니까 물을 꼭 준비해야 해요. 어묵이나 만두, 튀김하고 같이 먹으면 더 맛있어요.

이름	
국적	
재료	
맛	
먹는 방법	
함께 먹는 음식	

정리해 봅시다

EN Let's review. JP まとめ。 CH 整理一下。

점심 때 자주 먹는 음식에 대해서 써 보십시오.

EN Write about a dish that you often eat for lunch. JP 昼食によく食べる食べ物について書いてみてください。 CH 写一写午饭时常吃的食物。

02 한국 만두를 먹어 본 적이 있어요

학/습/목/표 음식을 비교하는 글을 쓸 수 있다.

EN Objective To be able write a comparison of different dishes.
JP 学修目標 食べ物を比較する文を書くことが出来る。
CH 学习目标 会写比较食物的文章。

준비해 봅시다

EN Let's prepare. JP 準備しましょう。 CH 准备一下。

01 읽고 관계있는 것을 연결해 봅시다.

EN Let's read and connect the related ones. JP 次の文を読んで合うものを線で結んでみましょう。 CH 读并把相关的连线。

(가) 한국에서 만두를 먹어 본 적이 있어요. 만두는 밀가루로 만두피[3)]를 만들어서 그 안에 고기와 야채를 넣은 음식이에요. 김치를 넣은 만두도 있어요. 쪄서 먹고 삶아서도 먹고 구워서도 먹어요.

(나) 중국에도 비슷한 음식이 있어요. 이름이 '교자'(餃子)예요. 겉은 비슷한데 속은 많이 달라요. 만두피는 한국 만두보다 더 얇고 교자 속도 더 다양해요. 중국에 가면 꼭 드셔 보세요.

(가) • • 한국 만두 이야기

(나) • • 중국 교자 이야기

02 〈보기〉에서 알맞은 어휘를 찾아 써 봅시다.

EN Let's write the related vocabulary from 〈보기〉 JP 次の単語の中から適した単語を探して書いてみましょう。
CH 找出相关的词汇写一写。

보기 굽다 끓이다 볶다 부치다 삶다 썰다 찌다 튀기다

( )

( )

( )

( )

( )

( )

( )

( )

3) 만두피 饺子皮儿

써 봅시다

EN Let's write. JP 書いてみましょう。 CH 写一写。

01 〈보기〉와 같이 써 봅시다.

EN Let's write as it is shown in 〈보기〉. JP 〈例〉と同じように書いてみましょう。 CH 仿照〈例句〉写一写。

1. 어떤 음식입니까? 어떻게 만듭니까?

EN What kind of dish is it? How do you make it? JP どんな食べ物ですか?どうやって作りますか? CH 是什么样的食物?怎么做的?

샤브샤브

- 일본
- 쇠고기/ 야채
- 고기를 썰다/ 육수[4]를 끓이다/ 재료를 넣다
- 소스에 찍어먹다
- 맵지 않다

〈보기〉

일본에서 샤브샤브를 먹어본 적이 있어요. 먼저 쇠고기를 썰어요. 끓인 육수에 쇠고기와 야채를 넣어요. 소스에 찍어먹는 음식인데 맵지 않아요.

❶

칼국수

- 한국
- 밀가루 국수/ 야채
- 야채를 썰다/ 육수를 끓이다/ 재료를 넣다
- 양념간장[5]을 넣어 먹다
- 닭고기나 해물을 넣을 수 있다/ 김치와 같이 먹다

❷

파전

- 한국
- 밀가루/ 계란/ 해물/ 파/ 물
- 재료를 섞다/ 프라이팬에 부치다
- 양념간장에 찍어 먹다
- 비오는 날/ 술을 마실 때 먹다

4) 육수 肉汤
5) 양념간장 放作料的酱油

2. 위 음식과 비슷한 다른 나라 음식들을 소개해 봅시다.

EN Let's introduce a dish from another country that is similar to one of those listed above.
JP 上の食べ物と似た他の国の食べ物を紹介してみましょう。 CH 介绍一下和上面食物相似的其他国家的食物。

 화궈	중국	**〈보기〉**
	재료가 다양하다. 고기, 야채, 해물 등등	중국에도 비슷한 음식이 있어요. 이름이 '화궈'예요. 재료가 더 다양해요. 해물도 넣어서 먹을 수 있어요. 매운 맛과 안 매운 맛을 같이 먹어 볼 수 있어요. 중국에 가면 꼭 드셔 보세요.
	매운 맛, 맵지 않은 맛을 한 번에 먹다	

❶

 우동	일본	
	우동면을 먼저 삶다/ 면에 육수를 넣다	
	면이 굵다/ 튀김이나 어묵을 넣을 수 있다/ 단무지와 같이 먹다	

❷

 피자	이탈리아	
	밀가루/ 치즈/ 토마토소스/ 채소와 고기	
	재료가 다양하다/ 오븐에 굽다/ 매운 소스나 치즈가루를 뿌려서 먹다	

02 서로 비슷한 음식을 찾아서 〈보기〉와 같이 써 봅시다.

EN Let's write about two dishes that are similar to each other as it is shown in 〈보기〉.
JP 似ている食べ物を探して〈例〉と同じように書いてみましょう。 CH 找出彼此相似的食物, 仿照〈例句〉写一写。

〈음식 1소개〉

이름/국적/재료/만드는 방법/먹는 방법/맛

〈음식 2소개〉

음식 1과 비슷한 점/
음식 1과 다른 점

〈보기〉

한국에서 샤브샤브를 먹어본 적이 있어요. 샤브샤브는 일본 음식인데 끓인 육수에 쇠고기와 채소를 넣어서 소스에 찍어 먹어요. 맵지 않고 채소도 많이 먹을 수 있어서 요즘 인기가 많아요.

중국에도 비슷한 음식이 있어요. 이름이 '화궈'인데 만드는 방법과 먹는 방법은 비슷하지만 샤브샤브보다 재료가 더 다양하고 소스도 달라요. 매운 '화궈'도 있으니까 중국 음식점에 가면 꼭 드셔보세요.

〈음식 3소개〉

이름/국적/재료/만드는 방법/
먹는 방법/맛

〈음식 4소개〉

음식 3과 비슷한 점/
음식 3과 다른 점

정리해 봅시다

EN Let's review. JP まとめ。 CH 整理一下。

**여러분이 제일 좋아하는 고향 음식이 무엇입니까? 어떻게 만듭니까?
한국에 비슷한 음식이 있습니까? 써 보십시오.**

EN What is your favorite food from your hometown? How do you make it? Is there a Korean dish similar to it? Write about it.
JP 皆さんが一番好きな故郷の食べ物は何ですか？どうやって作りますか？韓国に似た食べ物はありますか？書いてみましょう。
CH 大家最喜欢的家乡食物是什么？怎么做？韩国相似的食物是什么？请写一写。

03 그릇을 손에 들고 먹으면 안 됩니다

학/습/목/표 식사 예절에 대한 글을 쓸 수 있다.

EN Objective To be able to write about table manners.
JP 学修目標 食事作法についての文を書くことが出来る。
CH 学习目标 会写有关饮食礼仪的文章。

준비해 봅시다

EN Let's prepare. JP 準備しましょう。 CH 准备一下。

01 읽고 질문에 답하십시오.

EN Read and answer the question. JP 次の文を読んで質問に答えてください。 CH 读并回答问题。

(가) 한국의 식사 예절은 여러 가지가 있습니다. 어른과 식사할 때는 어른이 먼저 수저를 든 후에 아랫사람이 들어야 합니다. 그리고 어른이 식사를 마치기 전에 먼저 일어나면 안 됩니다.

(나) 한식을 먹을 때는 숟가락과 젓가락을 한 손에 같이 들고 먹으면 안 됩니다. 국이나 찌개 국물부터 먼저 숟가락으로 먹고 밥이나 다른 반찬을 먹습니다. 밥그릇이나 국그릇을 손에 들고 먹으면 안 됩니다.

1. 이 글의 제목으로 가장 알맞은 것을 찾아 봅시다.

EN Let's find the title that best fits the above composition. JP この文の題名として一番適しているものを選んでみましょう。
CH 请找出最适合做本文题目的话。

□ 수저를 사용하는 방법 □ 한식을 먹는 방법 □ 한국의 식사예절

02 〈보기〉에서 알맞은 어휘를 찾아 써 봅시다.

EN Let's write the related vocabulary from 〈보기〉. JP 次の単語の中から適した単語を探して書いてみましょう。
CH 找出相关的词汇写一写。

보기

개인접시	국그릇	나이프	냄비	밥그릇	상
숟가락	식탁	젓가락	컵	큰접시	포크

( )

( )

( )

( )

( )
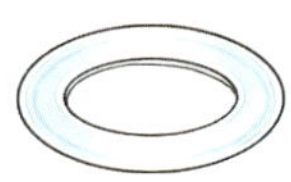
( )

( )

( )

( )
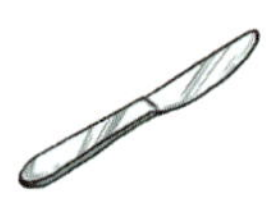
( )

( )
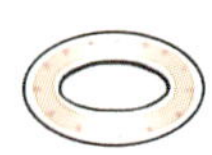
( )

써 봅시다

EN Let's write. JP 書いてみましょう。 CH 写一写。

01 관계있는 표현을 찾아 각 나라의 식사예절을 〈보기〉와 같이 써 봅시다

EN Write the related table manners next to each country as it is shown in 〈보기〉.
JP 関係のある表現を探して、各国の食事作法を〈例〉と同じように書いてみましょう。 CH 找出各国的礼仪, 仿照〈例句〉写一写。

- 식사할 때 코를 풀다
- 생선을 뒤집어[6] 먹다
- 차는 받침[7]까지 들고 마시다
- 음식을 먹을 때 소리를 내다
- 개인 접시를 사용해서 음식을 덜어 먹다
- 주인은 문 옆에 앉고 손님은 안쪽에 앉다
- 윗사람이 식사를 마치기 전에 먼저 나가다
- 한 손에 수저를 다 들고 먹다
- 한 손에는 젓가락을, 다른 한 손에는 숟가락을 들다
- 윗사람과 술을 마실 때 고개를 돌리고 마시다
- 식사할 때 말을 하다
- 음식을 입에 넣고 말하다
- 국이나 찌개 국물부터 먹다
- 밥그릇이나 국그릇을 손에 들고 먹다
- 멀리 있는 음식은 옆 사람에게 부탁하다
- 윗사람이 수저를 들기 전에 먼저 먹다
- 젓가락으로 서로 음식을 주고받다

한국	〈보기〉 식사할 때 코를 풀면 안 돼요. 음식을 먹을 때 소리를 내면 안 돼요. 입에 있는 음식은 다 먹고 말해야 해요. 윗사람이 수저를 든 후에는 먹어도 돼요. 개인 접시를 사용해서 덜어 먹지 않아도 돼요. 윗사람이 술을 주시면 두 손으로 받아서 고개를 돌리고 마셔야 해요.
❶ 중국	
❷ 일본	

6) 뒤집다 翻过来
7) 받침 茶托

02 여러 나라의 재미있는 식사예절에 대해서 〈보기〉와 같이 써 봅시다.

EN Let's write about the interesting table manners in different countries as it is shown in 〈보기〉.
JP 色々な国の面白い食事作法について〈例〉と同じように書いてみましょう。 CH 仿照〈例句〉写一写各国有意思的饮食礼仪。

	〈보기〉
일본	일본에서는 식사할 때 고개를 숙이면 안 됩니다. 개나 고양이가 고개를 숙이고 먹기 때문에 사람은 고개를 들고 먹어야 합니다. 일본음식을 먹을 때는 숟가락을 사용하지 않습니다. 젓가락만 사용해야 합니다. 그래서 국을 먹을 때 숟가락을 쓰지 않고 국그릇을 손에 들고 마십니다. 하지만 아주 어린 아이는 숟가락을 사용해도 괜찮습니다.

❶

❷

정리해 봅시다

EN Let's review. JP まとめ。 CH 整理一下。

식사 예절을 몰라서 실수한 적이 있습니까? 써 보십시오.

EN Have you ever made a mistake because you didn't know the proper table manners? Write about your experience.
JP 食事作法を知らずに失敗してしまったことはありますか？書いてみてください。 CH 你有因为不知道饮食礼仪失误的经历吗？写一写。

부록

01 듣기 지문
02 색인

듣기 지문

제1과 인사와 소개

01 저는 학생입니다

02 1) 한국 사람입니다.
03 2) 학생입니다.

02 제 가방입니다

05 1) 이것은 제 가방입니다.
06 2) 여기는 우리 교실이 아닙니다

03 방이 큽니다

08 1) 친구가 인사합니다.
09 2) 꽃이 예쁩니다.

제2과 학교

01 지도 옆에 그림이 있습니다

11 1) 우리 교실에 그림도 있습니다.
12 2) 기숙사 안에 우체국은 없습니다.

02 체육관에서 운동을 합니다

14 1) 도서관에서 공부를 합니다.
15 2) 식당이 크고 깨끗합니다.

03 산책을 하고 싶습니다

17 1) 운동을 하고 싶습니다.
18 2) 공원에 가십시오.

제3과 친구와 가족

01 친구가 잘생겼습니다

20 1) 중국 상하이에서 왔습니다.
21 2) 경영학을 공부하고 싶어합니다.

02 우리 가족사진입니다

23 1) 이 분이 제 어머니이십니다.
24 2) 어머니께서 요리를 잘 하십니다.

03 우리 가족은 여행을 좋아합니다

26 1) 아버지하고 어머니하고 저입니다.
27 2) 가족과 같이 여행을 자주 갑니다.

색인

ㄱ

가다 1과3항
가르치다 1과3항
6과1항
가수 1과1항
갈아타다 7과1항
강남고속버스터미널 7과2항
강당 5과3항
강의실 2과1항
5과3항
개다 9과1항
개인접시 10과3항
거울 2과2항
게임을 하다 2과3항
경비실 8과3항
고향에 가다 6과2항
공부하다 6과1항
공원 2과3항
공책 1과2항
과사무실 8과3항
관리실 8과3항
교과서 1과2항
국그릇 10과3항
국어국문학 3과1항
국제학 3과1항
굽다 10과2항
귀엽다 3과1항
그림 2과1항
극장에 가다 4과3항
기숙사 2과1항
기온이 낮다 9과2항
기온이 높다 9과2항
김밥 5과2항
김포공항 7과2항
깨끗하다 6과1항
꽃구경을 가다 9과3항
끓이다 10과2항

ㄴ

나오다 7과3항
나이프 10과3항
남동생 3과2항
내려오다 7과3항
내리다 7과1항
냄비 10과3항
냉면 5과2항
넓다 6과1항
넣다 10과1항
노래 2과2항
노래를 부르다 2과3항
노래방 2과3항
농구를 하다 4과3항
누나 3과2항
눈사람을 만들다 9과3항
눈싸움을 하다 9과3항

ㄷ

단풍구경을 하다 9과3항
달력 2과1항
대형 강의실 5과3항
덥다 9과2항
도서관 2과1항
도착하다 7과1항
도쿄 3과1항
독서하다 9과3항
돈가스 5과2항
돈을 찾다 2과3항
동창회 8과1항
된장찌개 5과2항
뒤 2과1항
들어가다 7과3항
따뜻하다 6과1항
9과2항
똑바로 가다 7과3항

ㅁ

많다 1과3항
말다 10과1항
맑다 9과1항
머리가 길다 3과1항
머리가 짧다 3과1항
먹다 1과3항
멋있다 3과1항
6과1항
몽골 3과1항
무섭다 6과1항
문구점 2과1항
5과1항
6과3항
문자메시지 3과3항
문화센터 5과3항
미국 1과1항
3과1항
미선 1과1항

ㅂ

바람이 불다 9과1항
9과2항
밖 2과1항
반모임 8과1항
밝다 6과1항
밥 2과2항
밥그릇 10과3항
방학 계획 6과2항
배우다 6과1항
베이징 3과1항
베트남 1과1항
볶다 10과2항
볶음밥 5과2항
볼펜 5과1항
봉사 활동을 하다 6과2항

부치다	10과2항
분실물 센터	8과3항
분필	2과1항
비가 그치다	9과1항
비가 오다	9과1항
	9과2항
비비다	10과1항
비빔밥	5과2항
빵집	2과3항
뿌리다	10과1항

ㅅ

사진기	1과2항
산책을 하다	2과3항
	4과2항
삶다	10과2항
삼촌	3과2항
상	10과3항
샌드위치	5과2항
샤워실	6과3항
서울역	7과2항
서점	2과1항
	5과1항
선생님	1과1항
선선하다	9과2항
세일을 하다	8과2항
세탁실	6과3항
소풍을 가다	9과3항
송별회	8과1항
쇼핑을 하다	4과2항
숙제	2과2항
숙제를 하다	4과1항
숟가락	10과3항
술	2과2항
쉽다	6과1항
슈퍼마켓	2과3항
스키를 타다	9과3항
스터디센터	5과3항
스파게티	5과2항
시원하다	6과1항
	9과2항
시장	2과3항
식사를 하다	4과1항
식탁	10과3항
신문	2과2항
	5과1항
싫다	6과1항
싸다	10과1항
쌀국수	5과2항
쌀쌀하다	9과2항
썰다	10과2항
쓰다	1과3항

ㅇ

아래	2과1항
아르바이트를 하다	6과2항
아버지	3과2항
아이스크림	2과2항
안	2과1항
안개가 끼다	9과1항
안내	8과3항
앉다	1과3항
앞	2과1항
야영을 하다	9과3항
어둡다	6과1항
어렵다	6과1항
어머니	3과2항
언니	3과2항
언론정보영상학	3과1항
에릭	1과1항
여동생	3과2항
여행	3과3항
여행을 하다	4과3항
	6과2항
연필	1과2항
영화	2과2항
영화관	2과3항
영화를 보다	2과3항
	4과2항
	8과2항
옆	2과1항
예쁘다	1과3항
	6과1항
오른쪽으로 가다	7과3항
올라가다	7과3항
옷을 사다	2과3항
외국어를 배우다	6과2항
왼쪽으로 가다	7과3항
요가를 배우다	5과1항
요리	3과3항
우동	5과2항
우유를 사다	2과3항
운동	2과2항
	3과3항
운동을 하다	4과1항
운동장	2과1항
운전을 배우다	6과2항
울란바토르	3과1항
위	2과1항
윈	1과1항
은행	2과3항
	5과1항
음악회를 하다	8과2항
음악회에 가다	4과3항
의자	2과1항
이메일	3과3항
이모	3과2항
이야기하다	1과3항
인도네시아	3과1항
인사하다	1과3항
인천여객터미널	7과2항
일	2과2항
일본	1과1항
있다	1과3항

ㅈ

자다	1과3항
자료실	5과3항
자르다	10과1항
자전거를 타다	4과3항
자카르타	3과1항
작다	1과3항
	6과1항
잘생겼다	6과1항
잡지	2과2항
재미없다	6과1항

재미있다	6과1항
저녁	2과2항
적다	6과1항
전자사전	1과2항
전화	3과3항
전화하다	1과3항
점심	2과2항
젓가락	10과3항
정류장	7과2항
제육볶음	5과2항
조깅을 하다	2과3항
좁다	6과1항
좋다	1과3항
	6과1항
주스	2과2항
중국	1과1항
지갑	1과2항
지도	2과1항
지루하다	6과1항
지우개	2과1항
짜장면	5과2항
찌다	10과2항
찍다	10과1항

ㅊ

차	2과2항
착하다	6과1항
책상	2과1항
책을 읽다	4과2항
청소를 하다	4과2항
체력단련실	6과3항
체육관	2과1항
축구 경기를 하다	8과2항
축제를 하다	8과2항
출발하다	7과1항
춥다	9과2항
취사실	6과3항
친구를 만나다	4과2항
	5과1항
친절하다	3과1항
	6과1항
칠판	2과1항

ㅋ

캔버라	3과1항
캠퍼스타운 지하철역	7과2항
커피	2과2항
커피를 마시다	2과3항
커피숍	2과3항
컴퓨터 게임	3과3항
컴퓨터공학	3과1항
컴퓨터실	5과3항
	6과3항
컵	10과3항
케이크를 사다	2과3항
코코아를 마시다	5과1항
크다	1과3항
	6과1항
큰접시	10과3항
키가 작다	3과1항
키가 크다	3과1항

ㅌ

타다	7과1항
탕수육	5과2항
텔레비전을 보다	4과1항
튀기다	10과2항
특별 전시회를 하다	8과2항

ㅍ

파티를 하다	4과3항
편의점	2과1항
	6과3항
포크	10과3항
피시(PC)방	2과3항
필통	1과2항

ㅎ

하노이	3과1항
학교에 가다	4과1항
학생	1과1항
학생식당	5과1항
한국	1과1항
한국어를 배우다	4과1항
해수욕을 하다	9과3항
형	3과2항
화상 통화	3과3항
환영회	8과1항
환전을 하다	5과1항
회사원	1과1항
회식	8과1항
휴게실	5과3항
	6과3항
휴대전화	1과2항
흐리다	9과1항
힘들다	6과1항

대학 생활을 위한

한국어 쓰기 (초급 I)

편저자 연세대학교 한국어학당 교재편찬위원회
집필진 정희정 · 서명숙 · 김영희 · 김하나 · 박종후
펴낸곳 연세대학교 출판문화원

주소 서울시 서대문구 연세로 50
전화 02) 2123-3380~2
팩스 02) 2123-8673
ysup@yonsei.ac.kr
http://press.yonsei.ac.kr

등록 1955년 10월 13일 제9-60호
인쇄 (주)동국문화
삽화 문춘경 외
녹음 MS 미디어
성우 윤미나 · 전광주

2015년 11월 3일 1판 1쇄 2025년 5월 9일 1판 4쇄
ISBN 978-89-6850-134-0 (08710)
978-89-7141-977-9 (세트)

값 17,000원